RELAJACIÓN

CONSEJOS ESENCIALES

RELAJACIÓN

Nitya Lacroix

Javier Vergara Editor
GRUPO ZETA

Barcelona / Bogotá / Buenos Aires
Caracas / Madrid / México D. F.
Montevideo / Quito / Santiago de Chile

Un libro Dorling Kindersley

Editor *Damien Moore*

Editor artístico *Roger Daniels*

Traducción *Élida Smalietis*

Composición *Panorama*

Coordinadora de la edición española *Elsa Mateo*

Título original: *How to relax*

Primera edición en Gran Bretaña en 1998
por Dorling Kindersley Limited,
9 Henrietta Street, Londres WC2E 8PS

© 1998 Dorling Kindersley Limited
© de la traducción: 1998, Ediciones B Argentina, S.A. para el sello Javier Vergara Editor

Esta es una coedición de Ediciones B, S.A. y Ediciones B Argentina, S.A. con
Dorling Kindersley Ltd., para el sello Javier Vergara Editor
Edición para España y América Latina excepto Brasil, USA y Puerto Rico

ISBN 950-15-1933-3

Primera edición: 1999

Todos los derechos reservados. Esta publicación no puede ser reproducida, ni en todo ni en parte, ni
registrada en o transmitida por un sistema de recuperación de información, en ninguna forma ni por
ningún medio, sea mecánico, fotoquímico, electrónico, magnético, electroóptico, por fotocopia o cualquier
otro, sin el permiso previo por escrito de la editorial.

Reproducido en Singapur por Colourscan

Impreso y encuadernado en Italia por Graphicom

CONSEJOS ESENCIALES

PÁGINAS 8 A 11

¿QUÉ ES LA RELAJACIÓN?

1 ....Por qué es necesaria la relajación
2 ....Cómo la relajación afecta la mente y el cuerpo
3 ....Sistema nervioso autónomo
4 ....Conciencia del cuerpo
5 ....Conciencia de la mente
6 ....¿Puede relajarse?

PÁGINAS 12 A 23

CUERPO TRANQUILO Y RELAJADO

7 ....Relación entre mente y cuerpo
8 ....Liberar las tensiones
9 ....El lenguaje del cuerpo
10 ....Alineación correcta
11 ....Liberar la tensión postural
12 ....Sentarse cómodo
13 ....Sentado durante largo rato
14 ....De pie durante largo rato
15 ....Tenderse cómodamente
16 ....Andar
17 ....Aliviar el cansancio de las piernas
18 ....Sostener objetos
19 ....Evitar la tensión de las manos
20 ....Estirar para relajar
21 ....Alivio de hombros y cuello
22 ....Liberar la tensión de la columna
23 ....Estirar para aliviar la zona lumbar
24 ....Estimular la vitalidad

PÁGINAS 24 A 27

CONCIENCIA DE LA RESPIRACIÓN

25 ....Respiración y relajación
26 ....Respiración tranquila
27 ....Respiración y movimiento
28 ....Respiración y relajación
29 ....Respirar para reducir la ansiedad
30 ...Respirar durante un ataque de pánico

PÁGINAS 28 A 37

MASAJEAR Y AFLOJAR

31 ....Beneficios del masaje
32 ....Cómo elegir un masajista profesional
33 ....Masaje con compañero
34 ....Ambiente y equipo
35 ......Aromaterapia y aceites para masajes
36 ....Aceites para relajarse
37 ....Masaje en la espalda
38 ....Masaje facial
39 ....Masaje en los pies
40 ....Automasaje
41 ....Masaje de cabeza, cuello y hombros
42 ....Masaje en las manos
43 ....Masaje de pies y piernas
44 ....Sacudir para relajar

PÁGINAS 38 A 41

PENSAMIENTO POSITIVO

45 ....La mente sobre la materia
46 ....Perspectiva y actitud
47 ....El poder de las afirmaciones
48 ....Desarrollar el sentido del humor
49 .Ambos hemisferios cerebrales en acción
50 ....¿Qué es la visualización?
51 ....Emplear la visualización
52 ....Cuándo y dónde visualizar

PÁGINAS 42 A 47

DORMIR BIEN

53 ....Por qué es importante el sueño
54 ....Equilibrar trabajo y ocio
55 ....Superar la pereza
56 ....Organizar el dormitorio
57 ....Baño a la luz de una vela
58 ....Hierbas relajantes
59 ....Terminar el día
60 ....Aceites para favorecer el sueño
61 ....Superar el insomnio
62 ....Visualizar para un sueño reparador
63 ....Prepararse para el nuevo día

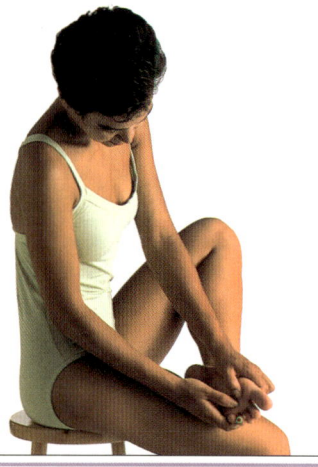

PÁGINAS 48 A 53

BUENA NUTRICIÓN

64 ....¿Para qué comer saludablemente?
65 ....¿Qué es una dieta equilibrada?
66 .Comidas y bebidas que se deben evitar
67 ....Planificar la compra
68 ....Planificar una dieta nutritiva
69 ....Cocina saludable
70 ....Comer a conciencia
71 ....Evitar la depresión de la tarde
72 ....No coma cuando está enfadado
73 ....Buena digestión
74 ....Dejar el hábito

PÁGINAS 54 A 61

BUSCAR ESPARCIMIENTO

75 ....Terapia con animales domésticos
76 ....Tener una aficón
77 .... Interludio musical
78 ....Paseo en la naturaleza
79 ....Disfrutar de un deporte
80 ....Tiempo para uno
81 ....Explorar la creatividad
82 ....Vacaciones: lejos de todo
83 ....Planificar de antemano
84 ....Salir en compañía
85 ....Vacaciones en familia
86 ....Preparar un viaje
87 ....Volar con comodidad
88 ....En camino

PÁGINAS 62 A 69

CREAR UN HOGAR RELAJADO

89 ....Vida sencilla
90 ....Ordenar la confusión
91 ....Crear un espacio físico propio
92 ....Crear un espacio mental propio
93 ....El arte de encontrar el sitio adecuado
94 ....Escoger y emplear colores
95 ....Usar materiales naturales
96 ....Calidez y ventilación
97 ....Que entre la luz
98 ....Iluminación tenue
99 ....Paz y tranquilidad
100 ....La naturaleza en casa
101 ....Un retiro al aire libre

ÍNDICE TEMÁTICO 70
AGRADECIMIENTOS 72

¿QUÉ ES LA RELAJACIÓN?

1 POR QUÉ ES NECESARIA LA RELAJACIÓN

Si aprende a relajarse mejorará su calidad de vida porque podrá contrarrestar los efectos negativos del estrés. Si toma un tiempo para lograr una buena relajación, liberará la tensión mental y física acumulada y de esta forma podrá recuperar los niveles de energía. Se sentirá renovado y revitalizado y en mejores condiciones para enfrentar las presiones de la vida moderna. La relajación devuelve el sentido de plenitud y bienestar.

RELAJACIÓN ACTIVA
Los deportes de esparcimiento pueden ayudar a equilibrar los efectos no deseados del estrés mental (Consejo 79).

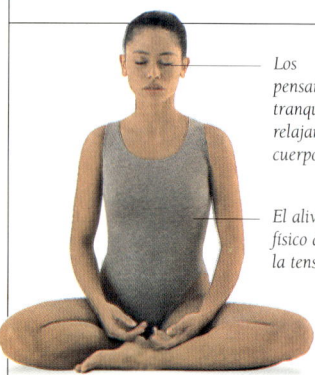

Los pensamientos tranquilos relajan el cuerpo

El alivio físico disipa la tensión

TÓMESE UN TIEMPO PARA RELAJARSE

2 CÓMO LA RELAJACIÓN AFECTA LA MENTE Y EL CUERPO

Muchos médicos reconocen hoy en día que el cuerpo y la mente están íntimamente relacionados y que el estado de uno afecta al bienestar del otro. El estrés reduce la resistencia del sistema inmunológico del cuerpo, en tanto que una mente relajada ayuda a fortalecer las defensas contra la enfermedad. De manera similar, cuando se siente físicamente relajado, consigue mayor paz mental.

¿QUÉ ES LA RELAJACIÓN?

3 SISTEMA NERVIOSO AUTÓNOMO

El sistema nervioso autónomo regula las respuestas involuntarias a los factores de estrés permitiendo que el sistema fisiológico vuelva a un estado de relajación una vez superado el acontecimiento que produjo estrés. El sistema se divide en dos sectores, el simpático y el parasimpático. Ambos regulan la mayoría de los órganos principales del cuerpo. El sector nervioso simpático es el que inicia espectaculares cambios físicos en el cuerpo que dan lugar a la reacción de "ataque o huida" a los estímulos del estrés. El sistema parasimpático prepara el cuerpo para estos cambios, permitiéndole descargar la tensión y recuperar el equilibrio de todo el sistema.

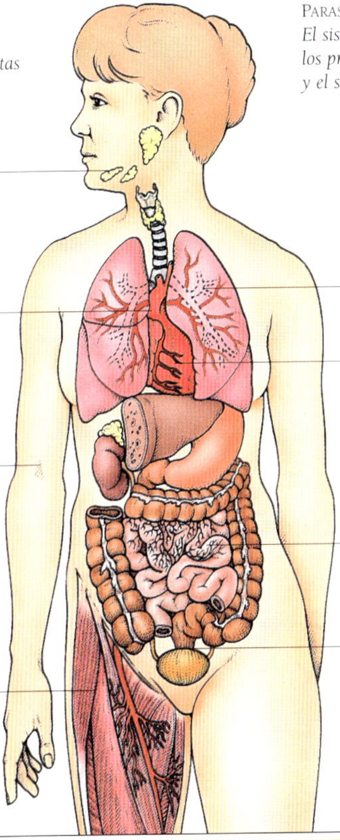

SIMPÁTICO
Emociones como la ira y el miedo dan lugar a las respuestas de los nervios simpáticos.

PARASIMPÁTICO
El sistema parasimpático reordena los procesos del cuerpo. El descanso y el sueño son sus aliados.

La **producción de saliva** disminuye y la boca se seca.

El **ritmo cardíaco** y la tensión arterial aumentan.

La **piel** comienza a sudar.

Los **músculos** se contraen para la acción.

El **ritmo respiratorio** disminuye.

Los **latidos del corazón** se hacen más lentos.

La **absorción digestiva** aumenta.

Los **órganos de eliminación** (intestinos y vejiga) funcionan armónica y eficientemente.

¿QUÉ ES LA RELAJACIÓN?

4 CONCIENCIA DEL CUERPO

Aprenda a reconocer las zonas que sufren tensión física para comenzar a relajarlas. Póngase de pie, cierre los ojos y concentre su atención en cada parte del cuerpo. Pregúntese: Esta zona, ¿está contraída o relajada? ¿Hay equilibrio o tiene tensión?
- ¿Las rodillas están flexibles?
- ¿Los pies se apoyan seguros en el suelo?

¿Tiene la mandíbula y la boca relajada o rígida?

¿Tiene la cabeza y el cuello alineados con el resto de la columna o la cabeza está inclinada?

¿Hace respiraciones completas usando el diafragma?

¿Siente la respiración en el vientre?

¿Tiene las manos flojas y relajadas o aprieta los dedos?

¿Tiene las rodillas flexibles o rígidas y tensas?

¿Tiene las pantorrillas y los tobillos relajados?

CONCÉNTRESE EN LA RESPIRACIÓN
Mientras se concentra en cada parte del cuerpo, dirija conscientemente la respiración hacia esas zonas y deje que se relajen y aflojen.

5 CONCIENCIA DE LA MENTE

El conocimiento y la comprensión de sus fuerzas y debilidades le dará la conciencia necesaria para cambiar positivamente su vida. Aun cuando se sienta seguro y relajado en la mayoría de los aspectos de la vida, sea honesto consigo mismo acerca de esas zonas donde sientes estrés. Tómese un tiempo para apreciar con regularidad sus sentimientos.

PREPARE UNA LISTA
Escriba una lista de las influencias positivas y negativas de su vida. Fíjese como objetivo cambiar los factores de estrés por otros de satisfacción.

¿QUÉ ES LA RELAJACIÓN?

6 ¿PUEDE RELAJARSE?

Las ocho preguntas siguientes pueden ayudarle a descubrir esas zonas de su vida donde experimenta estrés. Si contesta afirmativamente a cualquiera de estas preguntas, entonces podrá beneficiarse con las técnicas de relajación que se describen en este libro. Desbloquear la tensión de cualquier parte de su cuerpo traerá un sinfín de beneficios a toda su vida.

¿SIENTE EL CUERPO TENSO?
Los trastornos generales y el dolor del cuerpo a menudo son consecuencia del estrés —tanto físico como mental— provocado por malos hábitos posturales o emociones reprimidas, como el miedo y la rabia. Los ejercicios de relajación, la toma de conciencia de la postura y la terapia de masaje alivian la tensión del cuerpo y la mente.

¿SUFRE ATAQUES DE PÁNICO?
La ansiedad crónica y los ataques de pánico debilitan. Descubra las causas del estrés en su vida y encuentre el remedio. Aprenda las técnicas de respiración para reducir la ansiedad.

¿LE RESULTA DIFÍCIL DIVERTIRSE?
¿Tiene dificultades para relajarse y disfrutar? La práctica de un deporte social estimula el disfrute de la compañía de los demás. La actividad física alivia la tensión.

¿CARECE DE INICIATIVA Y MOTIVACIÓN?
La inercia a menudo tiene su origen en un problema clínico, como la depresión; en ese caso, recurra al consejo de su médico. Sin embargo, puede estar relacionado con alguna insatisfacción en ciertas circunstancias de su vida. Identifique el factor que produce esa fuga de energía y comience a hacer cambios donde corresponda.

¿ESTÁ DEMASIADO OCUPADO PARA COMER SANAMENTE?
Una de las reglas básicas de la buena salud es comer regularmente alimentos nutritivos. Sin embargo, en general, es la primera regla que se abandona cuando es más necesaria, durante los períodos de estrés. Tome la decisión de tener una dieta sana, independientemente de sus ocupaciones, para mantener estables los niveles de azúcar en la sangre y de energía.

¿LE RESULTA DIFÍCIL RELACIONARSE CON LOS DEMÁS?
Aumente la autoconfianza estableciendo relaciones que puedan hacer que se sienta bien. Asegúrese de comunicar con claridad sus necesidades.

¿SE HACE CARGO DE DEMASIADO TRABAJO?
No deje que el trabajo domine tu vida. Dedique tiempo para estar con su familia y amigos y establezca un equilibrio saludable entre trabajo y esparcimiento.

¿SUS PENSAMIENTOS SON EN SU MAYORÍA NEGATIVOS?
¿Siente envidia? ¿Cree que la vida pasa a su lado? ¿Imagina siempre lo peor? Si es así, debe cambiar los pensamientos subconscientes que dominan negativamente su vida. Las afirmaciones, el pensamiento positivo y la visualización pueden ayudarle a reconsiderar sus actitudes.

Cuerpo tranquilo y relajado

7 Relajación entre mente y cuerpo

La relajación es esencial para desbloquear la tensión física acumulada y lograr protección contra el estrés emocional. Este tipo de tensión tiende a acumularse en las zonas más importantes del cuerpo, dando lugar a masas musculares tensas que hacen que una zona del cuerpo parezca "desvinculada" de otra. Dirigir la respiración hacia zonas crónicamente cargadas de tensión y relajarlas le ayudará a identificar y liberar el estrés que provoca tal estado. La expresión "cargar el mundo sobre los hombros" describe perfectamente la relación entre el cuerpo y la mente.

¿QUÉ HAY DEBAJO?
Cada parte del cuerpo responde a diferentes clases de estrés, por lo tanto, puede usar el cuerpo para hacer un cuadro de salud mental.

La postura de los hombros indica su estado mental

*Los **músculos faciales** se tensan con el estrés que produce mostrar una aceptable máscara pública.*

*Las **rodillas** reflejan sus actitudes frente al control y la debilidad.*

*Los **músculos de la espalda** forman una protección contra el estrés.*

*La **pelvis** se vincula con los sentimientos relativos a la supervivencia y el placer.*

Las piernas se relacionan con las emociones de la infancia, como la rabia.

CUERPO TRANQUILO Y RELAJADO

8 LIBERAR LAS TENSIONES

Devuelva a su cuerpo y su mente una sensación de alivio con este ejercicio para liberar cualquier emoción reprimida y tensión muscular que pudiera existir.

Tiéndase de espaldas sobre una superficie plana y firme y concentre la atención en cada parte del cuerpo, desde los dedos de los pies hasta el rostro. Libere la tensión, zona a zona, contrayendo los músculos correspondientes y después aflojando la tensión. Primero, contraiga los músculos mientras inhala. Después, mantenga la respiración hasta que sienta que debe exhalar: luego, relaje la zona mientras exhale.

- Mientras exhala, produzca un sonido para expresar que suelta el aire y relaja la zona sobre la que trabaja.
- Tome conciencia de la mayor vitalidad de la zona del cuerpo que acaba de relajar.

ACTIVIDAD ENERGÉTICA ▷
Correr o andar a paso vivo después del trabajo le ayudará a liberar cualquier tensión acumulada durante el día.

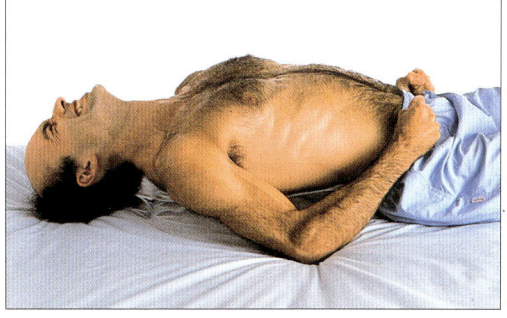

APRETAR Y AFLOJAR
Para terminar el ejercicio indicado anteriormente, estire y luego afloje todo el cuerpo. A continuación, descanse 10 minutos.

CONOCER EL CUERPO
Tome conciencia de la reacción del cuerpo ante el estrés, de manera que pueda disipar rápidamente la tensión.

CUERPO TRANQUILO Y RELAJADO

9 EL LENGUAJE DEL CUERPO

Su cuerpo refleja siempre lo que siente, aunque intente deliberadamente dar una impresión diferente. Preste mucha atención al lenguaje de su cuerpo y desarrolle una postura más relajada para poder proyectar una actitud menos defensiva cuando se comunicas con la gente.

DEMUESTRE APERTURA
Descruce los brazos y mire directamente a los ojos para transmitir una actitud amistosa y abierta.

10 ALINEACIÓN CORRECTA

Una postura cómoda es esencial para la alineación correcta y la capacidad de moverse fácilmente y con gracia. El desequilibrio se debe invariablemente a golpes, a tensión muscular crónica o a la manera en que nos sentamos y nos movemos. Es posible recuperar un saludable equilibrio aprendiendo la técnica Alexander. La tensión crónica se puede aliviar con masaje profundo y con otras terapias. Se pueden abandonar los hábitos dañinos tomando mayor conciencia de zonas importantes como la cabeza, el cuello y la columna.

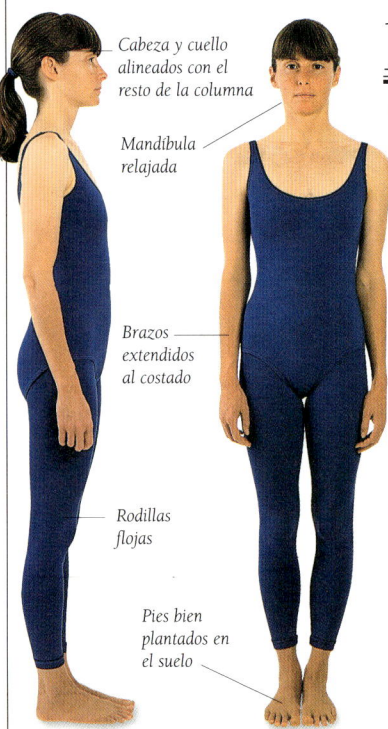

- Cabeza y cuello alineados con el resto de la columna
- Mandíbula relajada
- Brazos extendidos al costado
- Rodillas flojas
- Pies bien plantados en el suelo

CUERPO EN EQUILIBRIO
Una alineación estructural equilibrada aumentará la sensación de estar a gusto con su cuerpo.

CUERPO TRANQUILO Y RELAJADO

11 LIBERAR LA TENSIÓN POSTURAL

La visualización (*Consejo 50*) puede aliviar la tensión postural. Imagine que su cabeza es un globo que flota en el cielo, haciendo que su cuello se estire desde los hombros y alargue la columna vertebral. Mientras la parte superior del cuerpo se eleva con gracia venciendo la gravedad, la parte inferior establece un vínculo estable con la tierra.

GLOBO QUE FLOTA

12 SENTARSE CÓMODO

Compruebe su postura para ver si se sienta correctamente, en especial, cuando tiene intención de relajarse. Cuando una conversación lo atrapa, está concentrado en el trabajo o simplemente mira televisión, es muy fácil sentarse en posiciones incómodas. Cuando hace esto, disminuye la profundidad de la respiración y fuerza las articulaciones y los músculos. Cuando se siente, sobre todo trate de adoptar y mantener una postura equilibrada y abierta.

◁ MALOS HÁBITOS
Sentarse con las piernas cruzadas durante largo rato puede provocar problemas en la zona lumbar. Encorvar los hombros o desplomarse añade estrés a la columna vertebral.

▷ POSICIÓN RELAJADA
Siéntese como para poder respirar plenamente. Mantenga la pelvis en equilibrio para ayudar a estirar y relajar la columna.

13 Sentado durante largo rato

Cuando el trabajo le exija estar sentado mucho tiempo delante de un escritorio, acomode el asiento y demás elementos para lograr el máximo de confort. Mantenga la cabeza en equilibrio y la columna erguida. Regule la altura de la silla para que las caderas estén ligeramente más altas que las rodillas.

14 De pie durante largo rato

Si debe estar de pie mucho tiempo en las horas de trabajo, no fuerce la columna apoyando todo el peso sobre una cadera o la otra para descansar las piernas. Muévase para estimular la circulación y tenga a mano una silla para sentarse cuando tenga la oportunidad.

MOVERSE
Un apoyapiés ayuda a la circulación y a flexionar los músculos de pies y piernas. Haga pausas para estirar la columna y aliviar los hombros.

APOYAPIÉS
Un apoyapiés le permite quitar el peso de una pierna o de la otra sin forzar la columna. Ayude a relajar los tobillos y las rodillas mientras mantiene la postura en equilibrio.

Cambie de pie cada pocos minutos

CUERPO TRANQUILO Y RELAJADO

15 TENDERSE CÓMODAMENTE

En algún momento de su vida, la mayoría de la gente sufre dolor de espalda. Debido a este trastorno cada año se pierden en el mundo muchos días de trabajo. En ocasiones, la causa es una falta de alineación estructural; sin embargo, por lo general el malestar de este trastorno tan corriente no dura mucho tiempo. La parte superior e inferior de la espalda y el cuello son las zonas más probables de molestia de la columna vertebral. Si tiene problemas de espalda (y en especial si son recurrentes), aproveche cada oportunidad que tenga para tenderse de espaldas y descansar la columna, para aliviarla de la gravedad y de su función de sostener el cuerpo.

Con un cojín pequeño, una almohada o una toalla enrollada debajo de la nuca o en la región lumbar se puede aliviar la tensión y calmar el dolor en estas zonas sensibles, además de liberar el estrés de toda la columna.

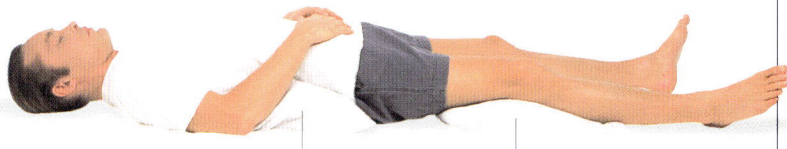

ZONA LUMBAR
Quite la tensión de la zona lumbar tendiéndose sobre una superficie de apoyo. Relaje cada parte del cuerpo, apoyando bien su peso en el suelo.

Coloque una almohada en la zona lumbar

La almohada debajo de las rodillas libera la tensión de la región pélvica

Eleve las rodillas para aliviar las articulaciones de las caderas

ESTIRE LA COLUMNA
Esta posición ayuda a estirar la columna y libera la tensión acumulada en las vértebras.

El cojín ayuda a estirar el cuello con comodidad

Ponga las manos sobre el vientre y respire hondo

Apoye las plantas de los pies en el suelo

16. ANDAR

Cuando camine, deje que los movimientos sean fluidos y tengan gracia. Imagine que tiene una "cola" pesada que se hunde en la tierra y le anima a dejar caer el peso de la pelvis, los glúteos y las piernas hacia el suelo. Al mismo tiempo, visualice el estiramiento de la parte superior del cuerpo, la columna (el cuello como parte de ésta) y la cabeza, y cómo esta parte se vuelve muy ligera.

PASOS HACIA LA BUENA SALUD
Un paseo a paso vivo es un excelente ejercicio cardiovascular. Ayuda a fortalecer los huesos sin cargar de tensión la columna.

PENSAR CON AMPLITUD
Permita que los brazos se balanceen sueltos al costado del cuerpo y sienta la sensación de espacio dentro del tórax y los hombros. Respira hondo.

17. ALIVIAR EL CANSANCIO DE LAS PIERNAS

Procure alivio a las piernas y los pies cansados y doloridos acostándose de espaldas entre 10 y 20 minutos y elevando los miembros inferiores por encima del nivel del corazón. Este simple ejercicio ayuda a circular la sangre desde las extremidades al corazón e impulsa la descarga del sistema linfático bloqueado que puede hacer que las piernas y los pies se hinchen cuando debe estar de pie durante largo rato.

PIERNAS ELEVADAS
Eleve las piernas y los pies sobre una silla mientras cuida que las rodillas estén relajadas. Si le duelen los pies, fróteselos con una loción refrescante para pies a base de menta.

18. Sostener objetos

Trate de abandonar los malos hábitos posturales que pueden producir estrés físico cuando realiza tareas rutinarias, como sostener el teléfono o un bolígrafo. Preste atención a los patrones de tensión observando cómo toma las cosas, si aprieta la mandíbula o contiene la respiración. De manera consciente relájese y adopte una postura más suelta y cómoda.

19. Evitar la tensión de las manos

Tanto en la casa como en el trabajo, considere las manos como herramientas vitales; manténgalas flexibles y ágiles. Los ejercicios regulares con las manos disminuyen el riesgo de sufrir de rigidez de articulaciones y tendones, que puede tener lugar con acciones repetidas. Estimule los terminales nerviosos, aumente la flexibilidad y mejore la coordinación de las manos apretando una pelota de goma o arcilla para modelar.

Relaje la mano cuando sostenga el teléfono

CONSERVAR LA ENERGÍA
No tiene necesidad de utilizar todo el cuerpo cuando realice una tarea sencilla. Ahorre energía comprometiendo sólo la parte del cuerpo que deba emplear para hacer una tarea.

SHOU XING
Estas bolas de plata, llamadas Shou Xing por los chinos, se emplean en Oriente para mantener flexibles las manos.

APRETAR SUAVEMENTE
Apriete suavemente una pelota blanda para hacer trabajar los músculos de brazos y hombros, mientras fortalece y mantiene las manos flexibles.

20 ESTIRAR PARA RELAJAR

Estírese como un gato para relajar, agilizar y tonificar todo el cuerpo. Tome una clase de estiramiento o de yoga para aprender a corregir las posturas; así podrá estirar y flexionar el cuerpo. Más tarde, practíquelo diariamente en casa. El estiramiento y el yoga son terapias holísticas que benefician tanto el cuerpo como la mente. No olvide hacer respiraciones completas en cada movimiento. Si tiene dudas, consulte con su médico antes de intentar este ejercicio.

Sienta cómo se estiran la espalda y los brazos

1. Acuéstese boca abajo, con las manos apoyadas junto a los hombros. Elévese hasta quedar arrodillado, deslizando los brazos hacia adelante, después bajando la frente al suelo.

Tonifique los glúteos y muslos

La rodilla se flexiona hacia la cabeza

2. Aún de rodillas, deslice las manos justo debajo de los hombros. Baje la cabeza y lleve la rodilla derecha hacia arriba para estirar los músculos de la espalda.

Mantenga la pierna en línea recta

Estire la columna

3. Ahora extienda la pierna derecha hacia atrás, elevándola tanto como sea posible. Al mismo tiempo, eleve la cabeza. Repita con la pierna izquierda.

CUERPO TRANQUILO Y RELAJADO

21 ALIVIO DE HOMBROS Y CUELLO

Mantener los hombros y el cuello flexibles hará maravillas en toda su postura. Cuando afloja estos músculos, aumentas la irrigación del cerebro (la tensión muscular puede bloquearla). Realice estos dos estiramientos por la mañana -después de una ducha para calentar y relajar la zona-, para comenzar el día más despierto. El alivio de la tensión en cuello y hombros también quitará el cansancio y la tensión después de un largo día de trabajo o estudio.

Mantenga flojas la muñeca y la articulación del codo

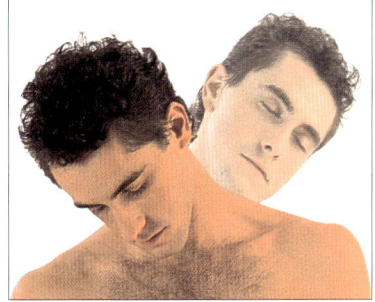

ESTIRAMIENTO FÁCIL
Tomando la primera vértebra de la columna como punto de pivote, gire la cabeza lentamente cinco veces hacia la izquierda y otras cinco hacia la derecha, para lograr el estiramiento del cuello.

EVITAR BRUSQUEDADES
Realice estos ejercicios lenta y suavemente para evitar cualquier traumatismo en el cuello o las articulaciones del hombro. Concentre completamente su atención en cada uno de los movimientos.

ESTIRAMIENTO CIRCULAR
Realice cinco círculos con un brazo por vez, elevándolo y pasándolo detrás de la cabeza antes de bajarlo. Repita en el sentido opuesto.

22 LIBERAR LA TENSIÓN DE LA COLUMNA

La columna vertebral es el principal apoyo del cuerpo; es fundamental mantener su flexibilidad para sentir bienestar y facilitar los movimientos. La columna aloja el sistema nervioso central, que sirve a todo el cuerpo. Si libera la tensión de la columna y hace ejercicios para la espalda, aumenta la vitalidad y mejora la postura. Los movimientos que aquí se describen ayudan a estirar y flexionar suavemente la columna.

◁ Separe los pies del ancho de los hombros, flexione levemente las rodillas, después estire todo el cuerpo hacia arriba, hasta las puntas de los dedos extendidos.

La cabeza cae hacia adelante

Mantenga los pies bien plantados en el suelo

Las manos cuelgan flojas

CUIDAR LA COLUMNA
Fortalecer y tonificar los músculos abdominales aumentará el sostén para la espalda y la columna.

△ Déjese caer suavemente hacia adelante; que la cabeza cuelgue flojamente y dirija el movimiento, de manera que la columna esté relajada y los dedos rocen el suelo.

△ Lentamente y poco a poco enderece la columna, de manera que el cuello y la cabeza sean las últimas partes que vuelvan a la posición original de pie.

CUERPO TRANQUILO Y RELAJADO

23 ESTIRAR PARA ALIVIAR LA ZONA LUMBAR

Hacerse un ovillo boca arriba quita la tensión de la columna y alivia el dolor de la zona lumbar. Acuéstese, recoja las rodillas contra el pecho y tómelas con las manos. Eleve la cabeza tratando de tocar las rodillas y mantenga la postura durante 10 segundos. Después, vuelva lentamente a recostarse en el suelo con los brazos y las piernas extendidos, relajándose completamente.

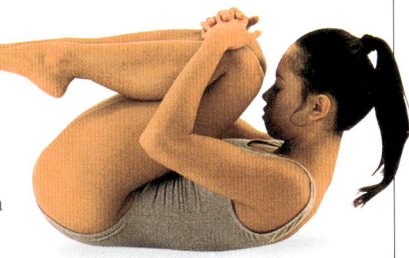

ARQUEAR LA ESPALDA PUEDE BRINDAR ALIVIO

24 ESTIMULAR LA VITALIDAD

Muchas formas de esparcimiento aumentan la vitalidad y forma del cuerpo, ayudando así a la relajación. La natación tonifica y relaja todo el cuerpo, y el baile es uno de los mejores ejercicios que puede hacer. Además, es un excelente tónico para el espíritu.

DEJARSE LLEVAR
Bailar libremente y con alegría te permite liberar la tensión física y mental.

HIDROTERAPIA
A menudo, se recomienda la natación como terapia para las personas con problemas de espalda.

Conciencia de la respiración

25 Respiración y relajación

Respirar profunda y lentamente relaja todo el cuerpo y calma la mente. Cuando inhala, el oxígeno pasa al torrente sanguíneo, dando energía a todas las células del cuerpo. Cuando exhala, elimina los residuos tóxicos. Respirando de esta manera aumenta la vitalidad y energía físicas y logra el equilibrio mental y emocional.

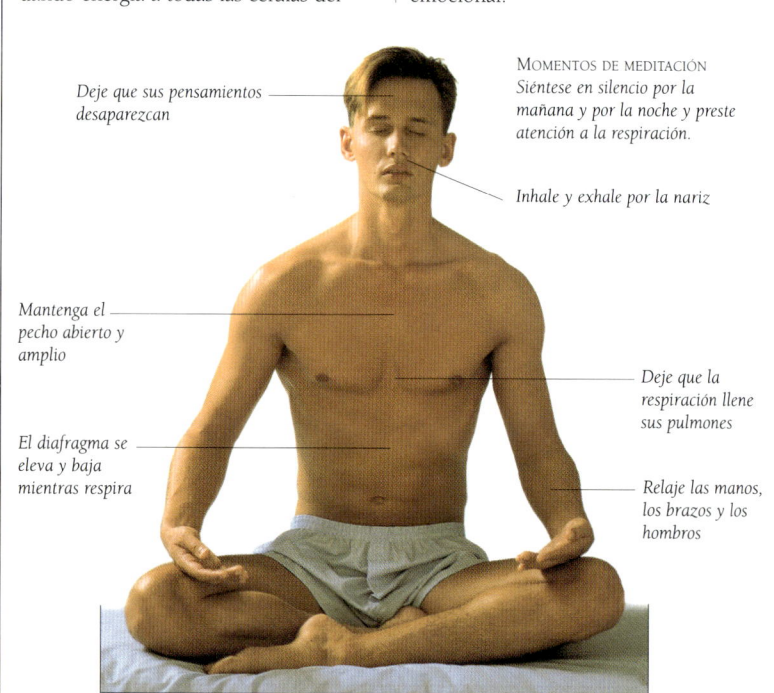

Deje que sus pensamientos desaparezcan

MOMENTOS DE MEDITACIÓN
Siéntese en silencio por la mañana y por la noche y preste atención a la respiración.

Inhale y exhale por la nariz

Mantenga el pecho abierto y amplio

Deje que la respiración llene sus pulmones

El diafragma se eleva y baja mientras respira

Relaje las manos, los brazos y los hombros

CONCIENCIA DE LA RESPIRACIÓN

26 RESPIRACIÓN TRANQUILA

Cuando se concentra en la respiración y calma su ritmo, comienza a producir cambios psicológicos y fisiológicos muy relajantes. Las técnicas para tomar conciencia de la respiración son fundamentales en la antigua práctica de la meditación que apunta a aumentar la claridad de la conciencia aquietando la mente. Hoy en día, muchos médicos reconocen que esas prácticas son ventajosas para la salud corporal. Cuando hace respiraciones completas y rítmicas, además de concentrar la atención en la respiración durante periodos determinados, calma el sistema nervioso, reduce el ritmo cardíaco y provoca cambios en el patrón de ondas cerebrales que alivian todo su ser.

- Mantenga los ojos cerrados e inhale y exhale por por la nariz.
- Al principio, realice el ejercicio durante 15 minutos por día y auméntelo hasta llegar a 40 minutos.
- Después del ejercicio, descanse durante cinco minutos.

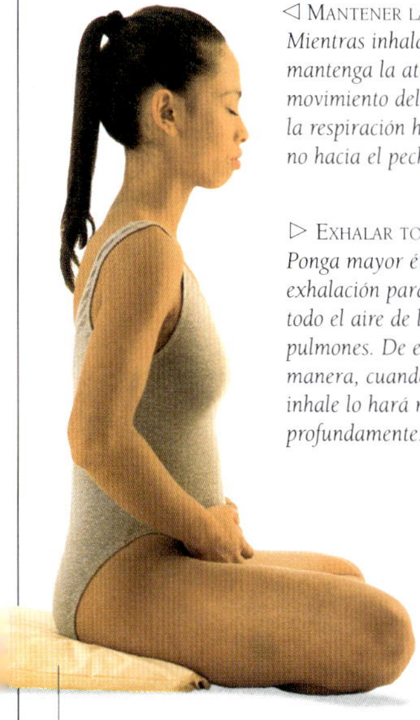

◁ MANTENER LA CONCENTRACIÓN
Mientras inhala y exhala, mantenga la atención en el movimiento del diafragma. Dirija la respiración hacia el estómago y no hacia el pecho.

▷ EXHALAR TODO EL AIRE
Ponga mayor énfasis en la exhalación para descargar todo el aire de los pulmones. De esta manera, cuando inhale lo hará más profundamente.

Siéntese sobre un cojín para apoyar la pelvis o, de ser necesario, utilice una silla de respaldo recto.

Las manos sobre el vientre ayudan a concentrarte en la respiración.

Siéntese bien erguido y relajado; mantenga la columna completamente estirada.

CONCIENCIA DE LA RESPIRACIÓN

27 Respiración y movimiento

De manera consciente integre la respiración y el movimiento para aquietar la mente y aumentar la conciencia sobre las sutilezas de su cuerpo. Camine lenta y deliberadamente, no más de 15 minutos. Hágalo descalzo para poder sentir un contacto pleno con el suelo. Inhale profundamente cuando levante una pierna. Sienta como si la pierna se elevara desde la rodilla por medio de un resorte. Exhale todo el aire cuando planta el pie en el suelo, apoyando primero el talón y luego la punta. Mantenga la columna recta.

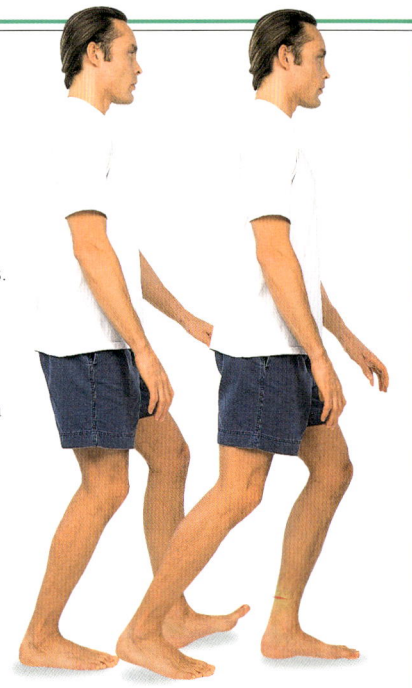

CONTACTO CON EL SUELO
Sienta cómo sus pies tocan el suelo en cada paso, y sincronice la respiración con este movimiento lento.

28 Respiración y relajación

Tiéndase de espaldas en el suelo con los brazos extendidos al costado del cuerpo, cierre los ojos y relájese sobre la superficie que lo sustenta. Inhale profundamente y dirija el aire hacia el vientre. Mientras exhala lentamente, sienta cómo todo el peso del cuerpo se hunde más y más en el suelo. Realice respiraciones completas y profundas por lo menos durante cinco minutos.

Postura del muerto
En yoga, esta posición se conoce como postura del muerto. Cuando exhala, concéntrese en relajar la tensión de los hombros y la columna vertebral.

Los pies se abren en forma natural

Brazos extendidos y abiertos, palmas hacia arriba, dedos flojos

CONCIENCIA DE LA RESPIRACIÓN

29 RESPIRAR PARA REDUCIR LA ANSIEDAD

Respirar rítmica y lentamente le ayudará a solucionar los problemas de ansiedad y guardar la calma en los momentos de estrés. Asegúrese de respirar profundamente hacia el vientre, y que el diafragma trabaje correctamente, de manera que los pulmones absorban plenamente el oxígeno del aire y que descargue el dióxido de carbono. Inhale contando hasta cuatro y exhale contando hasta cinco. En períodos de estrés, siéntese durante 10 minutos cada día y respire profunda y rítmicamente.

SENTIR LA RESPIRACIÓN
Siéntese cómodamente en el suelo o en una silla de respaldo recto. Ponga una mano en la parte inferior de las costillas para sentir cómo sube y baja el diafragma. Cuando inhala, el pecho se expande hacia afuera y, cuando exhala, se retrae hacia adentro.

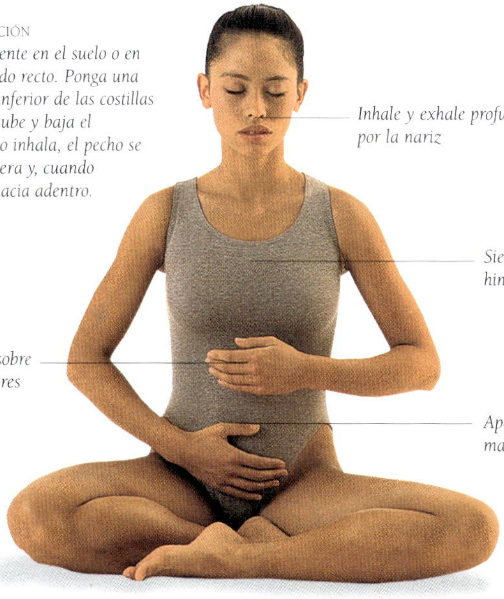

Inhale y exhale profundamente por la nariz

Sienta cómo se hincha todo el pecho

Apoye una mano sobre las costillas inferiores

Apoye la otra mano en el vientre

30 RESPIRAR DURANTE UN ATAQUE DE PÁNICO

Con frecuencia, los ataques de pánico se producen por un exceso de ventilación que hace que se expela mayor cantidad de dióxido de carbono que lo debido. En esos momentos angustiantes, se experimentan síntomas como mareos, miedo intenso y palpitaciones. Si cae en un estado de pánico, respire lenta y profundamente (*Consejo 29*). Si siente que esté hiperventilado, respire dióxido de carbono ahuecando las manos sobre la boca y la nariz. Concéntrese en el cuerpo y relaje los músculos. Tranquilícese diciéndose que controla la situación.

Masajear y aflojar

31 Beneficios del masaje

El masaje es una de las terapias más beneficiosas para la relajación. Alivia el dolor y la tensión acumulada en el cuerpo, produce vitalidad en los sistemas bloqueados por toxinas, tranquiliza la mente hiperactiva y calma el sistema nervioso. El contacto delicado de las manos con la piel puede disipar sentimientos de aislamiento y alienación, y devolver a la mente y el cuerpo la sensación de plenitud y bienestar.

- El masaje estimula el aparato circulatorio.
- Descarga el estrés postural.
- Se eliminan los depósitos de toxinas de los tejidos.
- Desarrolla una imagen saludable del cuerpo.

ALIVIAR EL ESTRÉS
El masaje es el antídoto perfecto para el estrés. Cuanto más relajado y receptivo sea mejor se sentirá.

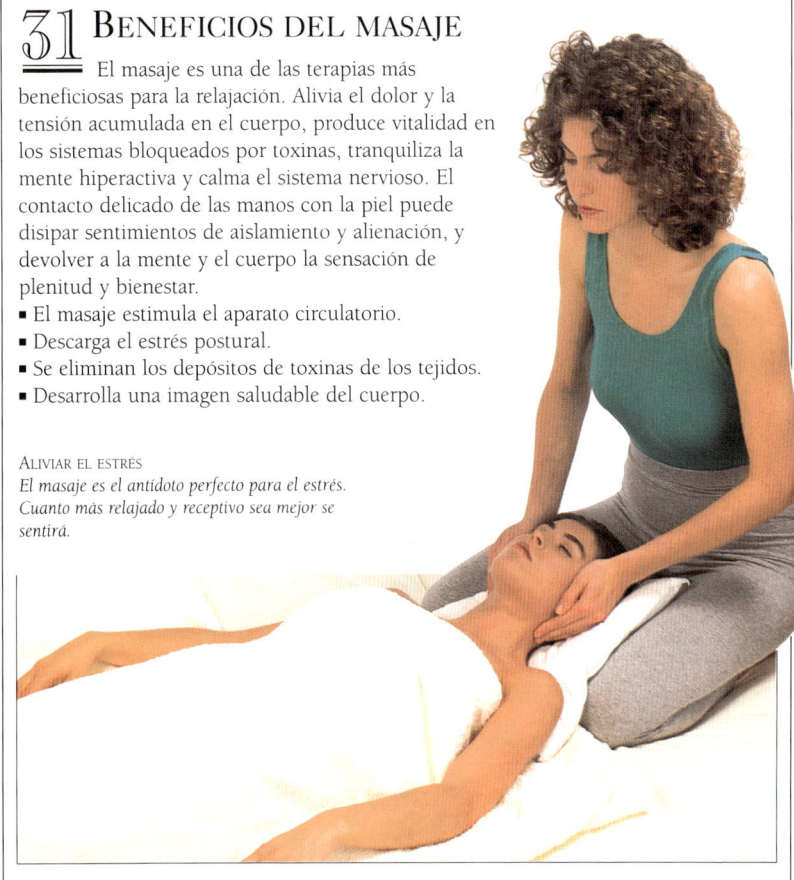

32 Cómo elegir un masajista profesional

Invertir en un masaje con un buen profesional para la relajación no es malgastar el dinero; por el contrario, vale la pena tomarse un tiempo para encontrar un terapeuta de confianza. Lo mejor resulta ser la recomendación de boca en boca. Pida al terapeuta las certificaciones necesarias sobre su experiencia profesional y verifique que su estilo de masaje se adecua a sus necesidades.

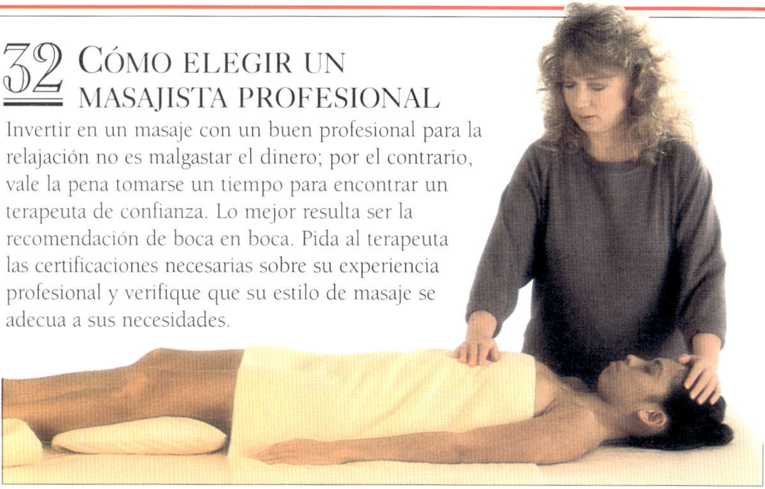

33 Masaje con compañero

Relájese en su propia casa pidiendo a un amigo o conocido que le haga un masaje. Los masajes básicos se pueden aprender con un libro sobre el tema o participando de un taller, de manera que las dos personas puedan responderse mutuamente cuando sea necesario. Recuerde que hasta los masajes más elementales pueden ser buenos si se aplican de manera fluida y rítmica.

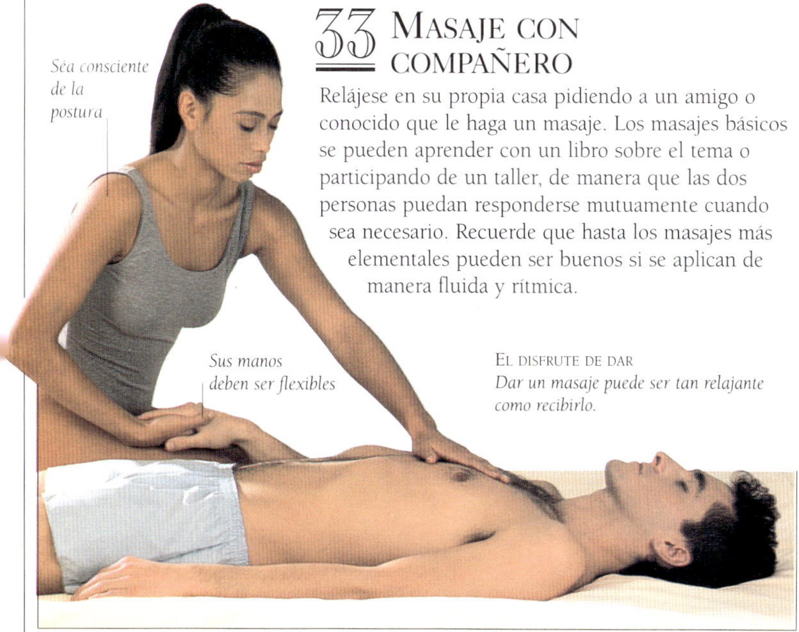

Sea consciente de la postura

Sus manos deben ser flexibles

EL DISFRUTE DE DAR
Dar un masaje puede ser tan relajante como recibirlo.

34 Ambiente y equipo

Prepare un ambiente agradable para aumentar los efectos del masaje. Elija una habitación cálida en la que sea posible la intimidad, y quite de ella todo lo innecesario. Los elementos para el masaje deben estar dispuestos ordenadamente, se puede poner una colchoneta o algunas mantas en el suelo. Tenga a mano sábanas para cubrir la colchoneta y a la persona que recibe el masaje, y cojines y almohadas para una mayor comodidad. La iluminación tenue mejora el ambiente.

◁ CAMA DE MASAJES
Si dar un masaje en el suelo le resulta incómodo, lo ideal es una cama plegable y portátil para masajes.

CALIDEZ
Procure que la habitación sea cálida y no haya corrientes de aire, aunque ventilada para mantener el aire puro. El fuego de una chimenea crea una ambientación perfecta.

La superficie debe estar a la altura de los nudillos

El acolchado de espuma de goma debe tener por lo menos 2,5 cm de espesor

CAMA DURA
Una cama de masajes dura debe medir por lo menos 1,80 m de largo por unos 80 cm de ancho.

35 AROMATERAPIA Y ACEITES PARA MASAJES

En el arte de curar, la aromaterapia está cada día más reconocida; puede combinarse con el masaje para inducir a un estado de relajación profunda. Los aceites aromáticos esenciales se extraen de flores, hierbas y resinas. Dosis precisas de estas esencias combinadas con aceites vegetales producen lubricantes aptos para dar masajes.

GUARDE LOS ACEITES ESENCIALES EN RECIPIENTES HERMÉTICOS

36 ACEITES PARA RELAJARSE

Una combinación de aceites esenciales que revitalicen y calmen los sentidos es perfecta para un masaje relajante. Los aceites esenciales son altamente concentrados. Por lo tanto, cuide de respetar la receta cuando indica la cantidad correcta de gotas mezcladas con un aceite vegetal puro como el de uva, de girasol o de almendras. Esta mezcla de aceite puede aplicarse en todo el cuerpo: 7 gotas de benzoína para calentar y dar energía al cuerpo, combinada con 7 gotas de espliego/lavanda para lograr un efecto calmante, y 4 gotas de camomila / manzanilla para suavizar la piel. Diluir los aceites esenciales mezclando con 30 ml de aceite vegetal puro.

MEZCLAS RELAJANTES

37 Masaje en la espalda

Haga que su amigo disfrute con un relajante masaje en la espalda. Unte toda la piel de la espalda con aceite, comience con movimientos suaves, continuos y en redondo para relajar y calentar los tejidos y aumentar la circulación. Después, concéntrese en zonas sensibles cargadas de tensión, como la columna, la zona lumbar y los hombros. Masajee con los pulgares, los dedos y la base de las manos para trabajar suavemente los músculos. Las instrucciones que aquí se brindan muestran tres etapas de un movimiento largo que puede hacerse para comenzar y terminar un masaje en la espalda.

Apoye las manos a cada lado de la columna

△ Deslice ambas manos con firmeza a cada lado de la columna antes de abrirlas en abanico en la base de la caja torácica a los costados del cuerpo.

Moldee con las manos el contorno de la caja torácica

△ Deslice y suba con las manos a los lados de la columna, masajeando hacia adentro y alrededor de los omóplatos, luego deslice con firmeza hacia afuera en la parte superior de los hombros.

Deslice las manos ligeramente hacia afuera y termine en la cabeza

△ Flexione las muñecas para que las manos se deslicen alrededor de las articulaciones del hombro, después pase nuevamente por encima de los hombros y alrededor de la nuca.

38 MASAJE FACIAL

Reconforte a su amigo con un masaje facial para quitar el estrés del día. Procure que el contacto sea delicado en esta vulnerable zona y que los masajes sean uniformes y firmes. Recorra con los dedos el contorno del rostro. Comience moldeando las manos suavemente alrededor de la coronilla durante unos segundos. Después, frótese las palmas con un poco de aceite.

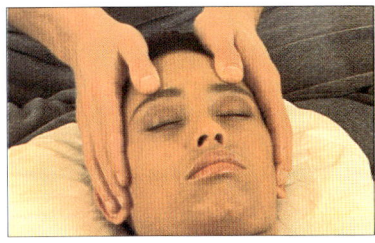

△ Recorra con los pulgares desde el entrecejo hacia afuera, después aplique masajes circulares en las sienes. Repita en toda la frente.

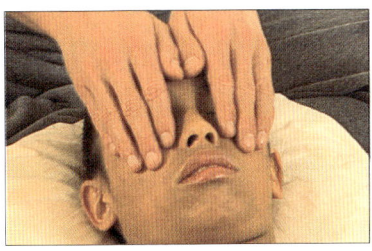

△ Frote las manos con energía para generar calor, después apóyelas suavemente sobre los ojos. Con las puntas de los dedos, masajee suavemente alrededor de las cuencas de los ojos.

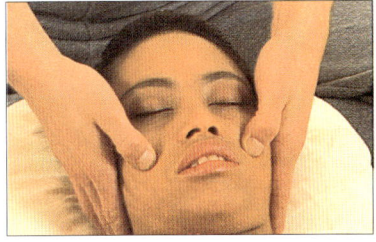

△ Deslice los pulgares hacia abajo por los costados de la nariz y termine directamente en el músculo debajo de las mejillas, llevando los pulgares hacia afuera, a los costados de la cabeza.

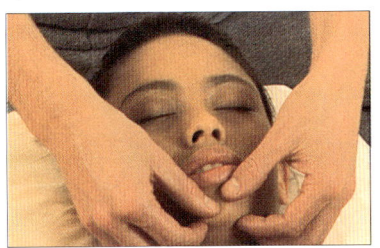

△ Haga girar las puntas de los dedos sobre la zona carnosa de las mejillas, después amase la barbilla y el contorno de la mandíbula con los pulgares, en masajes cortos y alternados.

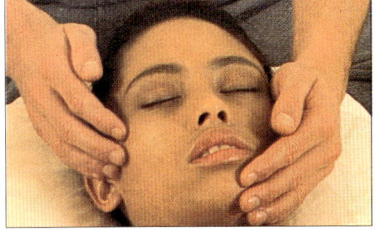

△ Unas caricias con las palmas de las manos relajarán la mandíbula y la boca. Masajee con ternura a cada lado del rostro, alternando las manos.

39 Masaje en los pies

Un masaje en los pies beneficia totalmente porque quita la tensión de una zona destinada a sostener el peso del cuerpo. Cuando se masajean y trabajan los pies, se logra una mayor flexibilidad en su compleja red de huesos, tendones y ligamentos. Además, el masaje en los pies estimula los miles de terminales nerviosos localizados en las plantas de los pies; resulta una experiencia profundamente relajante.

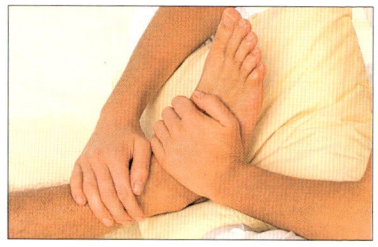

△ Caliente el pie masajeando con una loción desde los dedos hasta el tobillo. Masajee hacia afuera alrededor del tobillo y deslice suavemente las manos a lo largo de la planta del pie.

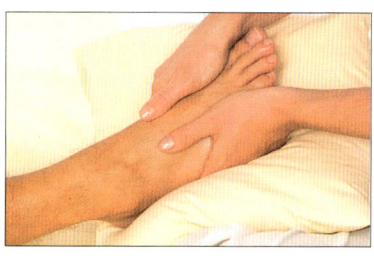

△ Estire el pie apretando la planta con los dedos, mientras desliza los pulgares hacia los cantos del pie. Trabaje por zonas hasta llegar al tobillo.

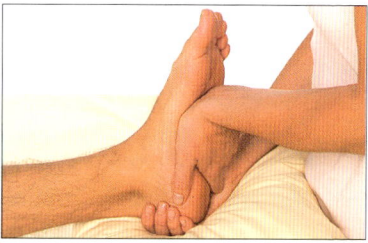

△ La base de la palma de la mano calza perfectamente en los contornos del pie; con ella realice masajes firmes y circulares en la planta, lados, arco y empeine.

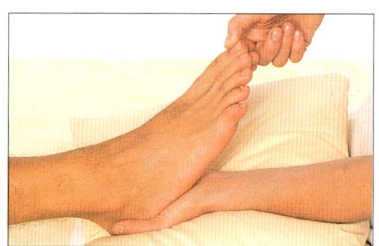

△ Sostenga el talón con una mano y, con el pulgar y el índice de la otra, estire suavemente cada dedo, desde la base hasta la punta.

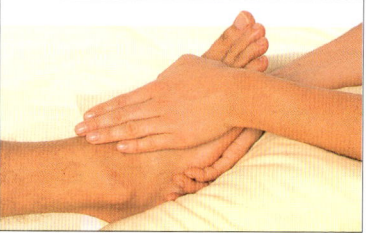

△ Para terminar, tome el pie entre ambas manos y produzca un efecto calmante atrayendo energía del cuerpo. Repita los pasos 1 al 5 con el otro pie.

MASAJEAR Y AFLOJAR

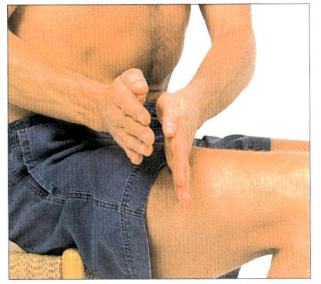

40 AUTOMASAJE

Si masajeamos nuestro propio cuerpo podemos aliviar la rigidez en músculos tensos, y revitalizar la circulación de la sangre y todos los sistemas. Los masajes relajantes calientan los músculos y estimulan los terminales nerviosos. Los masajes de percusión, como golpeteos o suaves golpes de puño, estimulan la circulación, deshaciendo depósitos de toxinas y aliviando los puntos cargados de tensión.

GOLPETEOS ENÉRGICOS

41 MASAJE DE CABEZA, CUELLO Y HOMBROS

El automasaje en cabeza, cuello y hombros es una manera estimulante de comenzar el día. Le aclarará la mente, aumentará la irrigación del cerebro y aliviará la tensión de importantes zonas posturales en hombros y cuello. Concéntrese en masajes enérgicos y vibratorios, como golpes con el canto de las manos, golpeteo con las palmas o golpes con el puño, para conseguir un máximo de estímulo en los niveles de energía.

La mano rebota cuando toca la piel

GOLPETEAR LA CABEZA
Con las muñecas flojas, golpetee con los dedos rápida y rítmicamente el cuero cabelludo, recorriendo la cabeza de adelante a atrás, luego hacia los costados.

CON LOS PUÑOS
Cierre flojamente el puño y golpetee rápidamente a lo largo de cada lado del cuello.

42 Masaje en las manos

Masajee periódicamente sus manos para que se mantengan ágiles y libres de tensión, en especial si su trabajo implica movimientos repetitivos. Emplee los dedos, el pulgar y la base de una mano para masajear y estirar músculos, tendones y huesos de la otra.

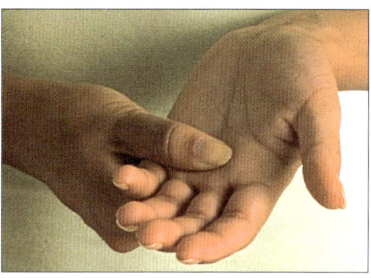

PRESIÓN FIRME
Gire la muñeca con delicadeza y mueva los dedos. Con movimientos cortos y circulares del pulgar, apriete en toda la palma.

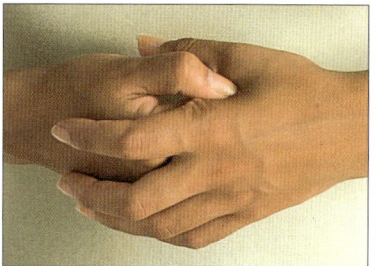

APRETAR Y TIRAR
Apriete el dorso de la mano con el pulgar. Estire a lo largo de cada dedo, desde la base hasta la yema, con el pulgar y el índice.

ESTIRAMIENTO
Para aliviar los calambres de las manos, juntar palma con palma, con los dedos apuntando hacia arriba. Elevar los codos hasta que las palmas se separen y los dedos empujen unos a otros.

Los codos en ángulo recto con respecto al cuerpo

43 MASAJE DE PIES Y PIERNAS

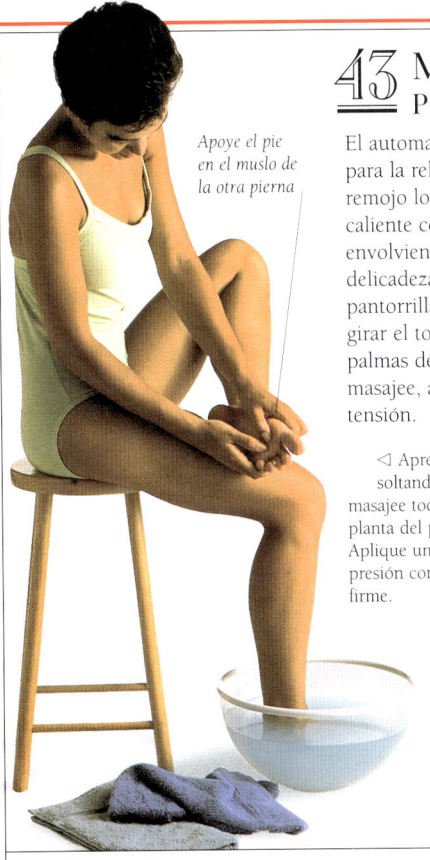

Apoye el pie en el muslo de la otra pierna

El automasaje en los pies es un remedio rápido para la relajación de todo el cuerpo. Ponga en remojo los pies durante 10 minutos en agua caliente con sales de hierbas. Seque los pies envolviendo en una toalla y apretando con delicadeza. Apriete los músculos de las pantorrillas para quitar la rigidez, después haga girar el tobillo cinco veces de cada lado. Con las palmas de las manos, los dedos y los pulgares, masajee, apriete y estire el pie para quitar la tensión.

◁ Apretando y soltando, masajee toda la planta del pie. Aplique una presión continua y firme.

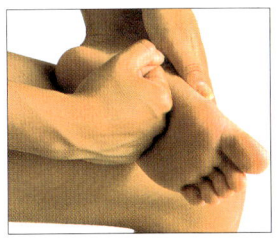

△ Cierre flojamente un puño y deslice con firmeza los nudillos desde el borde del talón hasta la base de los dedos.

44 SACUDIR PARA RELAJAR

Después de un relajante automasaje, libérese de cualquier resto de tensión. Si mueve todo el cuerpo se aflojan y revitalizan las zonas tensas. Comience sacudiendo los pies: deje que el movimiento suba y aumente poco a poco su intensidad. No fuerce el movimiento. Haga que cada parte del cuerpo tiemble y se sacuda, en particular aquellos lugares poco flexibles como los hombros, el cuello y la cabeza. Cuando haya finalizado con el ejercicio, relájese tranquilamente durante por lo menos 10 minutos

PENSAMIENTO POSITIVO

45 LA MENTE SOBRE LA MATERIA

Su mente es una herramienta poderosa: empléela para superar los obstáculos que se interpongan en su camino, de modo que pueda expandir sus horizontes. Tenga fe en su propia capacidad, y no acepte conceptos condicionados que limiten sus aspiraciones. Concentre firmemente la mente en su objetivo, y luche por realizar sus ambiciones.

SIENTA EL PODER
No tiene por qué estar limitado por el sexo, la edad o las circunstancias. Fíjese como objetivo dominar sus capacidades a fin de lograr las metas.

46 PERSPECTIVA Y ACTITUD

Examine sus actitudes frente a la vida y cambie las perspectivas negativas por positivas. En lugar de envidiar a otra gente, tenga en cuenta lo que es único y especial en su propia vida y sea feliz por los éxitos de los demás. Contrarreste un pensamiento pesimista con otro optimista, y trate de reconocer y sentirse agradecido por lo que tiene, basando en ello su entusiasmo por el futuro. Salude cada día de su vida como un nuevo comienzo.

¿El vaso está medio lleno o medio vacío?

47 El poder de las afirmaciones

Tiene la capacidad de cambiar sus pensamientos subconscientes por afirmaciones positivas y así crear la vida que desea. Su subconsciente puede aceptar pensamientos positivos conscientes, como "Merezco ser amado" o "Puedo tener éxito en mi trabajo", y reemplazar los pensamientos negativos que ejercen una influencia oculta pero intensa sobre usted. Mírese al espejo cuando realice las afirmaciones del día: pronto se dará cuenta de lo diferente que es su conducta.

CREA EN USTED MISMO
Piense positivamente. Cada mañana, afirme que merece el éxito, el amor, la satisfacción y el respeto.

48 Desarrollar el sentido del humor

¡La risa es contagiosa! Sonría al mundo y cuando reciba una sonrisa, se sentirá aún mejor. Piense en algo que le haga reír y aliviará sus preocupaciones. Compartir su buen humor resulta terapéutico para todos.

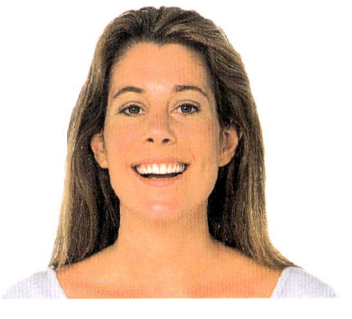

49 Ambos hemisferios cerebrales en acción

Su cerebro tiene dos hemisferios. El izquierdo, la zona dominante, controla el lado derecho del cuerpo. Tiene a su cargo las funciones del habla, la escritura, el pensamiento lógico y la concepción abstracta. El hemisferio derecho controla el lado izquierdo del cuerpo. Está relacionado con la creatividad, las relaciones espaciales y la intuición. Dibujar o escuchar música mejora la actividad del hemisferio derecho, en tanto que los juegos que obligan a pensar, como los crucigramas, estimulan el lado izquierdo. Las técnicas de relajación, como la meditación, estimulan ambos hemisferios para que juntos trabajen en armonía.

50 ¿QUÉ ES LA VISUALIZACIÓN?

La visualización es una técnica de autoayuda que emplea imágenes positivas para provocar un cambio deseado en el cuerpo, la mente o las circunstancias personales. Se aplica en numerosas formas de terapia y en la meditación, incluida la hipnosis. Se dice que ayuda a la relajación, a la cura de enfermedades y lesiones, a la superación de ansiedades y fobias, a mejorar la memoria, a aumentar la conciencia espiritual y a proporcionar un mayor nivel de autoestima.

HERMOSO PAISAJE
Imagínese caminando por una hermosa playa a la caída de la tarde o escuchando el sonido de las olas; esto puede producir sentimientos de calma.

51 EMPLEAR LA VISUALIZACIÓN

Para que sea efectiva, la terapia de visualización requiere una concentración profunda y una práctica regular. Siéntese en una habitación en silencio durante 15 minutos. En los primeros cinco minutos, respire hondo y relaje el cuerpo. Dé forma a su visualización y, con la imaginación, cree un cuadro que exprese sus deseos. Por ejemplo, si siente un dolor, imagine una luz dorada que penetra en su cuerpo, que calienta y hace desaparecer lo que le hace daño.

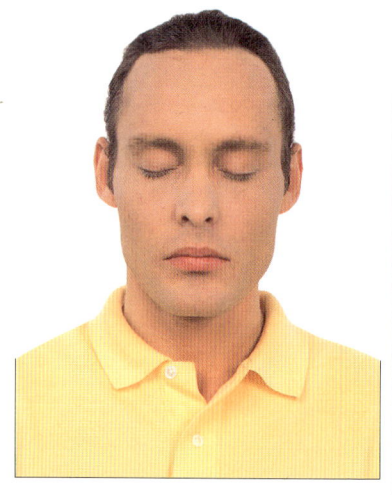

VISIÓN INTERIOR
Cierre los ojos y concentre sus pensamientos, sentidos y respiración. Utilice el poder de la visualización para satisfacer sus necesidades particulares.

PENSAMIENTO POSITIVO

52 Cuándo y dónde visualizar

Puede hacer una visualización en cualquier circunstancia en la que sienta la necesidad de superar sentimientos negativos, temores o para desarrollar una actitud más positiva. Por ejemplo, puede hacerse para quitar el estrés en situaciones de carácter público. Si se encuentra en una calle atestada de gente y siente claustrofobia, visualice un espacio abierto y sienta la luz que rodea su cuerpo: mientras se mueve, lleve consigo esta sensación. Si se siente vulnerable ante extraños, visualice que está dentro de una campana de cristal que lo protegera del peligro.

AUN EN MEDIO DE UNA MULTITUD, PUEDE SENTIRSE BIEN Y A SALVO

Dormir bien

53 Por qué es importante el sueño

El sueño es un remedio natural. Mientras duerme, su metabolismo se desacelera y puede acceder a un estado de relajación profunda. Esto da tiempo al cuerpo para recuperarse de la actividad física del día y al cerebro la oportunidad de procesar la información recibida. Los músculos se relajan y el sistema endocrino libera hormonas vitales para el crecimiento, que permiten la regeneración de las células en los tejidos. La cantidad de horas de sueño necesarias para recuperarse depende de cada persona, pero la mayoría de los adultos, en promedio, requieren entre siete y ocho horas cada noche.

En general, cuantos más años tenemos, menos horas de sueño necesitamos. Aprenda a valorar su tiempo de descanso y recoja los beneficios de una mayor claridad mental y más vigor físico.

COMODIDAD Y DESCANSO
Un buen colchón y una buena almohada pueden ayudar al sueño. Su dormitorio debe estar bien ventilado y no debe hacer demasiado calor ni demasiado frío.

TRASNOCHAR CON FRECUENCIA
Los efectos negativos de muchas trasnochadas son variados. Es posible que le resulte difícil concentrarse en el trabajo, que tome malas decisiones y que esté más irritable y perezoso.

54 EQUILIBRAR TRABAJO Y OCIO

Si en su vida equilibra debidamente el trabajo y el ocio, tendrá más posibilidades de un buen descanso nocturno. Si tiene un trabajo de gran responsabilidad o si éste produce mucho estrés, contrarreste los efectos negativos haciendo durante la noche o los fines de semana actividades que sean completamente distintas. Reunirse con amigos o disfrutar de un ejercicio físico le ayudará a dormir bien.

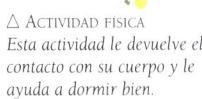

△ ACTIVIDAD FÍSICA
Esta actividad le devuelve el contacto con su cuerpo y le ayuda a dormir bien.

◁ DIVIÉRTASE
Cuando esté abrumado por el trabajo, dedique tiempo a reunirse con los amigos.

55 SUPERAR LA PEREZA

Para superar la sensación de pereza, establezca un hábito regular de horas de sueño. Trata de levantarse temprano para sentirse saludablemente cansado a la hora de dormir y procure acostarse antes de la medianoche. Durante el día, realice algún ejercicio físico al aire libre para gastar energía y respirar profundamente.

AMAR LA VIDA
Si se adoptan buenos hábitos de sueño, se podrá redescubrir el gusto por la vida.

56 ORGANIZAR EL DORMITORIO

Su dormitorio debe ser un lugar para descansar de las actividades cotidianas. Para que este lugar transmita una sensación de paz, mantenga el cuarto limpio y ordenado y decórelo con colores relajantes (*Consejo 94*). Organice el cuarto para que pueda guardar la ropa y los efectos personales. Considérelo como un santuario, empleándolo sólo para dormir, relajarse y para su intimidad.

ORGANIZADORES A MEDIDA

57 BAÑO A LA LUZ DE UNA VELA

Un baño de inmersión a la luz de unas velas es una manera perfecta de olvidar las preocupaciones del día y prepararse para una noche de sueño reparador. Tome un baño o una ducha por lo menos una o dos horas antes de ir a dormir. Después, relájese leyendo o escuchando música.

BAÑO AROMÁTICO
Añada unas gotas de algún aceite esencial aromático relajante, como el de sándalo, camomila o espliego, directamente en el agua de la bañera y mezcle bien antes de bañarse.

Dormir bien

58 Hierbas relajantes

Ciertas hierbas actúan como sedantes naturales seguros y ayudan a relajarse y dormir bien. Muchas de estas hierbas pueden prepararse en infusiones con agua hirviendo, y algunas pueden comprarse listas para usar en saquitos. De cualquier forma, acostumbrarse a beber infusiones de hierbas es una alternativa razonable para no ingerir cafeína. Las hierbas sedantes incluyen camomila, espliego, verbena y tila.

59 Terminar el día

Antes de ir a la cama, termine cualquier trabajo que no haya acabado: puede ser alguna tarea sencilla como ordenar el escritorio, la cocina o el dormitorio. Prepare una lista de lo que debe hacer el día siguiente. Después, relájese para poder conciliar el sueño con la mente tranquila.

PREPARARSE CON ANTICIPACIÓN
Antes de ir a dormir, escoja las prendas que llevará el día siguiente.

60 Aceites para favorecer el sueño

Cree un ambiente pacífico, calmo y relajante en tu dormitorio encendiendo velas y vaporizando aceites esenciales relajantes con un hornillo de aromaterapia. Descanse y relaje todo el cuerpo mientras respira estos perfumes sedantes.

- Se pueden adquirir velas especialmente perfumadas con aceites esenciales.
- Tome la precaución de apagarlas antes de quedarte dormido.

Ponga cinco gotas de aceite esencial en un recipiente con agua

AROMA RELAJANTE
Las esencias aromáticas como la de espliego, camomila, benzoína, neroli, cedro, jazmín y rosa son sedantes.

61 SUPERAR EL INSOMNIO

No se preocupe si de vez en cuando tiene insomnio. En lugar de impacientarse por la falta de sueño, descanse cómodamente en la cama y relaje el cuerpo. Si su mente está muy activa, prepárese una bebida caliente sin alcohol y lea algo ligero hasta quedarse dormido.

EVITAR EL ESTRÉS
Haga a un lado los pensamientos cargados de ansiedad en las horas que anteceden al sueño, haciéndose el propósito de dejar para el día siguiente los temas difíciles.

62 VISUALIZAR PARA UN SUEÑO REPARADOR

Cierre los ojos e imagine que su cuerpo se vuelve más pesado y más relajado con cada exhalación que realiza. Visualice una noche cálida y tranquila. Se encuentra tendido sobre una mullida alfombra de hierba fresca en medio de un prado bañado por la suave luz de la luna. En cada ciclo de respiración, permita que su ser se llene de una profunda sensación de paz.

DEJE QUE LOS PENSAMIENTOS GRATOS AQUIETEN SU MENTE

63 Prepararse para el nuevo día

Cuando despierte por la mañana tómese un tiempo para saborear el paso a la conciencia, desarrollando un estado mental positivo para el nuevo día. En lugar de dejar la cama de inmediato y sumergirse en una actividad frenética, disfrute de un momento tranquilo recordando lo que soñó. Si cantan los pájaros, permita que lo despierten. Aun acostado, tome conciencia del cuerpo estirando las extremidades y la columna. Mueva los músculos faciales haciendo muecas: frunza los labios y abra bien grandes los ojos.

- Evite despertar con un despertador. Adquiera una radio o reproductor de CD o cassettes que lo despierte con una música agradable.
- Visualice un día positivo y creativo y piense en todas las cosas buenas que tiene y ansía tener.

DESPERTAR
Siéntese en la cama y estire los brazos por encima de la cabeza para expandir el pecho y los pulmones, después bostece profundamente para tomar oxígeno. Realice cinco respiraciones profundas.

BUENA NUTRICIÓN

64 ¿PARA QUÉ COMER SALUDABLEMENTE?

Como todas las máximas, "eres lo que comes" contiene una gran cuota de verdad. Las investigaciones realizadas demuestran que la ingesta regular de ciertos alimentos reduce los síntomas de agresión y ansiedad, y ayuda a reforzar el sistema inmunológico para combatir la enfermedad y los malestares. Una dieta sana y equilibrada aumenta la vitalidad y es esencial para el bienestar físico y mental. Tome la decisión de comer sanamente para que la dieta se transforme en una plataforma sobre la cual construir una vida relajada y plena.

65 ¿QUÉ ES UNA DIETA EQUILIBRADA?

Un alimento único no puede proporcionar todos los requisitos nutricionales para lograr una salud óptima. El objetivo de una dieta equilibrada es elegir entre una amplia variedad de alimentos que brinden la proporción correcta de proteínas, carbohidratos, grasas, vitaminas y minerales que el cuerpo necesita (*Consejo 68*). Coma muchos alimentos con fibra que ayuden al proceso digestivo.

VEGETALES
Una dieta sana y equilibrada contiene gran cantidad de verduras y frutas frescas.

66 Comidas y bebidas que se deben evitar

Por más ocupado que se encuentre, no se permita depender de los alimentos procesados: es probable que éstos tengan alto contenido de azúcar y sal y carezcan de elementos nutritivos. Asimismo, evite los alimentos refinados que, por su procesamiento, han perdido los nutrientes vitales. Escoja productos naturales siempre que sea posible. Limite la ingesta de azúcar para reducir el riesgo de obesidad y las caries, además de los cambios rápidos en los niveles de azúcar en la sangre. El alcohol actúa como depresivo y puede provocar cambios en el estado de ánimo; el exceso en el consumo de alcohol está asociado con enfermedades graves. Consuma bebidas alcohólicas sólo con moderación.

REDUCIR LAS GRASAS
Reduzca el consumo de alimentos ricos en grasas que obstruyen las arterias y dificultan la digestión.

EVITAR LA CAFEÍNA
La cafeína es un estimulante natural que se encuentra en el té, el café, las bebidas de cola y el chocolate. Un exceso de cafeína puede producir ansiedad, irritación y palpitaciones.

67 Planificar la compra

Elimine el estrés de la compra de alimentos planificándola en detalle por anticipado. Anote todo lo que necesite para la semana y después respete lo que está en la lista. Esto no sólo le ayudará a resistir el impulso de comprar; además podrá mantenerse dentro de su presupuesto. Tenga la costumbre de hacer compras regulares, para que los alimentos que ingiera sean frescos.

SIN APUROS
Trate de hacer las compras fuera de las horas punta para evitar las molestias de largas colas. No compre cuando tenga apetito, es posible que sienta la tentación de adquirir comida basura.

EQUILIBRAR EL PESO
No fuerce los músculos cargando pesadas bolsas de compra. Balancee el peso uniformemente entre las dos manos.

BUENA NUTRICIÓN

68 PLANIFICAR UNA DIETA NUTRITIVA

Elija inteligentemente entre las categorías de alimentos que aquí se muestran y podrá crear una amplia variedad de comidas sabrosas, de bajo contenido de grasas y alto contenido de fibra, que le provean todos los elementos nutritivos esenciales. Comience la mañana con un desayuno que contenga proteínas, vitaminas y fibra, como yogur ligero, cereales y frutas. El grueso de las comidas debe estar compuesto de carbohidratos complejos que aporten suficientes calorías para satisfacer sus requisitos energéticos. Acompañe cada comida con frutas y verduras frescas. Incluya proteína por lo menos en una de las comidas del día, a fin de recibir los aminoácidos que el cuerpo necesita.

PAN INTEGRAL

PASTA

ARROZ

△ HIDRATOS DE CARBONO COMPLEJOS
Los hidratos de carbono complejos, como el pan integral, los cereales, las pastas, el arroz integral y las patatas/papas, proporcionan fibra, calcio, hierro y vitaminas del complejo B. Las calorías que producen son una fuente de energía más sana y más duradera que el azúcar.

▽ VITAMINAS Y MINERALES
Las frutas y verduras frescas contienen vitaminas esenciales, minerales y oligoelementos que ayudan al cuerpo a combatir la enfermedad. Los frutos secos y las legumbres son una excelente fuente de proteínas, en especial cuando se combinan con granos integrales.

FRUTAS FRESCAS

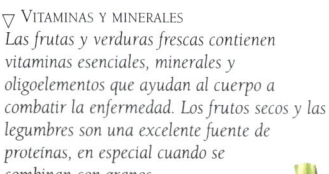

NUEZ DE BRASIL/CASTAÑAS DE PARÁ

JUDÍAS SECAS/POROTOS/FRIJOLES

VERDURAS FRESCAS

Buena nutrición

HUEVOS DE GRANJA

POLLO DE GRANJA

PESCADO GRASO

△ PROTEÍNAS
Carne, pescado y huevos son las fuentes principales de proteínas, hierro, cinc y vitamina B. Coma carnes rojas y huevos con moderación pues contienen grasas saturadas.

YOGUR

LECHE DESNATADA/DESCREMADA

QUESOS MAGROS

△ PRODUCTOS LÁCTEOS
Los productos lácteos, como el yogur, la leche y el queso, proporcionan grasas, vitaminas, minerales y proteínas. Son también importantes fuentes de calcio, que es vital para tener dientes y huesos sanos. Las variedades de estos alimentos con bajo contenido de grasas son las mejores.

69 Cocina saludable

Cuando se preparan y cocinan los alimentos se debe tratar de conservar los elementos nutritivos y minimizar las grasas saturadas. Guarde los alimentos perecederos en la nevera/heladera, a una temperatura de 0 a 5 °C, y deseche aquellos que estén pasados. Si es posible, consuma alimentos orgánicos y emplee aceite vegetal o de oliva en lugar de mantequilla/manteca y otras grasas animales.

- Cocine al vapor las verduras frescas para retener la mayor cantidad posible de vitaminas.
- Ase a la parrilla, cocine a fuego lento u hornee las carnes y pescados para reducir la ingesta de grasas.
- Prepare nutritivos caldos para sopa con el agua de cocción de las verduras.
- Compre cortes de carnes magras y elimine el exceso de grasa que puedan tener.

COMIDAS AL VAPOR
Cocinar verduras al vapor en un wok es rápido y fácil de hacer; además se obtiene platos sabrosos y nutritivos.

70 COMER A CONCIENCIA

La comida es algo más que el mero sustento. Las horas de la comida son momentos de celebración, para compartir con amigos y familiares. Haga que las comidas sean momentos de relajación, preparando alimentos que tengan en cuenta el valor nutricional y la variedad de sabores. Presente los platos de una manera atractiva para los sentidos y dará placer a toda su familia.

COMIDA DIVERTIDA
Haga que las horas de la comida sean momentos de felicidad.

71 EVITAR LA DEPRESIÓN DE LA TARDE

A media tarde, los niveles de azúcar en la sangre pueden bajar, en particular después de una comida pesada con alto contenido de carbohidratos o después de haber comido algún postre muy dulce. Es posible que esto haga caer los niveles energéticos, produciendo pereza, irritación y falta de concentración. Un refrigerio ligero de fruta fresca, como una naranja o verduras crudas con una rodaja de pan integral, elevarán saludablemente aquellos niveles.

COMBUSTIBLE DEL CEREBRO
La ingesta de frutas proporciona un nivel uniforme de glucosa en el torrente sanguíneo, que se convierte en combustible para el cerebro.

72 No coma cuando está enfadado

Es bastante común que la gente intente reprimir sentimientos de ira y otras emociones desagradables consumiendo alimentos no saludables, sabrosos pero nada naturales. Es poco probable que los alimentos que se ingieren de esta manera se digieran adecuadamente. En lugar de comer, respire hondo para relajar el cuerpo. Después, intente solucionar de manera constructiva lo que le perturba.

73 Buena digestión

Un estado mental relajado y una buena digestión van de la mano. Busque tiempo para sentarse y comer con moderación, masticando bien cada bocado para lograr una mejor absorción. Reduzca el consumo de alimentos refinados y grasos, y coma muchos alimentos con fibra, como el pan integral. Beba mucha agua y líquidos durante el día para ayudar a la digestión. Algunas infusiones de hierbas son excelentes para esto.

BEBER LÍQUIDO
Beba mucha agua pura entre las comidas para ayudar al cuerpo a absorber elementos nutritivos y eliminar toxinas.

COMER REGULARMENTE
Tome un buen desayuno para evitar tener tentaciones a media mañana. Haga tres comidas moderadas cada día.

74 Dejar el hábito

Tal vez crea que fumar le ayuda a relajarse, pero en realidad el tabaco no es el buen amigo que cree. Fumar es una adicción que provoca serios problemas de salud. No es fácil dejar de fumar, pero los beneficios son inmediatos. Tome la decisión de dejar el tabaco y pida a su médico el consejo necesario para lograrlo.

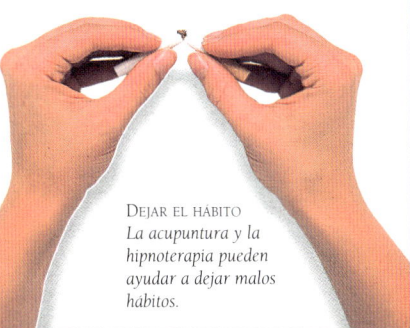

DEJAR EL HÁBITO
La acupuntura y la hipnoterapia pueden ayudar a dejar malos hábitos.

Buscar Esparcimiento

75 Terapia con animales domésticos

Los animales domésticos dan a sus dueños un gran placer; además son muy terapéuticos. Las investigaciones médicas han demostrado que la compañía de un animal calma los trastornos nerviosos, alivia la soledad y ayuda a recuperar el estado físico. Acariciar a un perro o un gato puede ayudar a reducir la hipertensión arterial y pasear con el perro es una excelente forma de hacer ejercicio todos los días. Sin embargo, no olvide que, aunque la compañía de un animal es reconfortante, su cuidado es una responsabilidad continua.

△ Aguas calmas
Un acuario produce una sensación de paz en cualquier ambiente y es agradable de mirar. Los peces tienen un costo relativamente bajo y son fáciles de cuidar.

◁ La compañía de un perro
El perro puede ser un compañero fiel y proporcionar la excusa perfecta para caminar regularmente al aire libre.

BUSCAR ESPARCIMIENTO

76 TENER UNA AFICIÓN

Cualquier pasatiempo inyecta un nuevo interés en su vida y lo estimula a investigar más sobre temas que no se relacionen con la rutina diaria. Pueden brindarle un sentido de vida cuando pasa tiempo solo, o tal vez le dé oportunidades para conocer a otra gente.

¿CÓMO ESTÁ SU JARDÍN?
La jardinería es un pasatiempo muy aceptado por todos. Amplía su conocimiento de la naturaleza, lo mantiene activo y estimula su creatividad.

77 INTERLUDIO MUSICAL

La música provoca un profundo efecto en el estado de ánimo, porque influye en la manera de sentir un momento. La música suave ayuda a curar el cuerpo y calmar la mente, en tanto que la música rítmica le hace sentir más alerta y más vivo. Escuchar música es uno de los más grandes placeres de la vida. Hoy en día, la música ambiental, compuesta especialmente para ayudar a la relajación, es cada vez más popular.

◁ RASGUEAR LA GUITARRA
Tocar un instrumento musical es una afición reconfortante que concentra y estimula la mente.

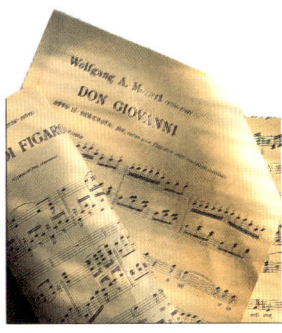

BUEN OÍDO ▷
Desarrolle un buen oído musical escuchando música en todas sus formas. Concurra a conciertos y habitúese a escuchar programas musicales en la radio.

78 PASEO EN LA NATURALEZA

La naturaleza puede devolver a la vida su sentido de plenitud. Si vive en la ciudad, entonces hágase tiempo para caminar por el campo y así escapar del ruido, el tránsito y los gases tóxicos del lugar donde vive. Tómese un tiempo para volver a reconocer la belleza de la naturaleza y para permitir bajar el ritmo de sus pensamientos. El campo refrescará y deleitará todos sus sentidos con perfumes, vistas y sonidos naturales. Un sencillo paseo en medio de la naturaleza es un buen tónico para el cuerpo, la mente y el espíritu.

APRENDA A APRECIAR EL RITMO NATURAL DE LA VIDA

BUSCAR ESPARCIMIENTO

79 DISFRUTAR DE UN DEPORTE

A mucha gente le encantaría ser más activa y estar en mejor forma, pero no todos pueden hacer ejercicio o ir a un gimnasio. Si no puede hacer esta clase de deporte, realice el ejercicio que verdaderamente pueda disfrutar. Permita que esto sea una parte divertida de su tiempo de esparcimiento. Hacer un deporte de club, como tenis o golf, puede ampliar en gran medida su vida social.

A PEDALEAR
Muchas actividades deportivas pueden compartirse con amigos para disfrutar de buenos momentos de esparcimiento.

80 TIEMPO PARA UNO

Procure tener tiempo para sus propias necesidades. Si en general está demasiado ocupado cuidando de todo el mundo, haga una lista semanal de las cosas que desea hacer para usted solo e intente cumplirla. Hágase un espacio en su agenda para disfrutar de su propia compañía.

UNA BUENA LECTURA
Busque el tiempo para ponerse al día con lo que verdaderamente le guste.

81 Explorar la creatividad

Explore sus talentos ocultos dedicando una parte de su tiempo de esparcimiento para expresar su creatividad, alimentando de esta manera la veta artística de su naturaleza. La práctica de cualquier forma de arte es terapéutica. La concentración mental que se requiere para las actividades creativas contrarresta el estrés de la rutina diaria.

CAPACIDAD ARTÍSTICA
Aumente la confianza en su capacidad creativa participando de clases y talleres.

82 Vacaciones: lejos de todo

Las vacaciones lo vuelven a relacionar con el lado espiritual más libre y despreocupado de su naturaleza, que puede estar reprimido por las presiones de la vida cotidiana. Aun una simple salida de fin de semana proporciona un buen paréntesis para las rutinas tediosas y agitadas de la vida en la ciudad. Las vacaciones más prolongadas le permiten relajarse completamente y capacitarse para enfrentar temas importantes con renovado vigor.

NUEVA PERSPECTIVA
Tomarse un descanso permite desarrollar nuevas perspectivas y tener tiempo para evaluar cuáles son las verdaderas prioridades de la vida.

Buscar esparcimiento

83 Planificar de antemano

Planifique sus vacaciones con bastante anticipación para tener el tiempo necesario para desconectarse del trajín de cada día. Esto es particularmente importante si trabaja fuera de casa y sus responsabilidades laborales le obligan a interrumpir el tiempo de ocio y descanso.

Planificar con anticipación le permitirá delegar el trabajo y cuidar de detalles simples como quién será el que cuide de los animales domésticos. Esta planificación le permitirá ahorrar para las vacaciones y evitar preocuparse por las cuentas cuando regrese.

84 Salir en compañía

Asegúrese unas buenas y relajadas vacaciones en compañía de su pareja o de un amigo, conversando antes de partir sobre lo que ambos esperan de ese tiempo de descanso. Cada persona tiene ideas muy distintas sobre la forma de disfrutar de su tiempo de esparcimiento; por lo tanto, comprender los deseos de cada uno y planificar de antemano un itinerario, ayudará a evitar conflictos. Acuerden un presupuesto que sea adecuado para ambos y comprométanse a tener mutua satisfacción.

ARRANCAR BIEN
Comience bien las vacaciones desde el principio, compartiendo tareas como planificar y hacer reservas de viaje, comprar lo necesario y preparar el equipaje.

85 VACACIONES EN FAMILIA

Planifiquen las vacaciones en familia para que todos los del grupo, cualquiera sea su edad y situación, tengan la oportunidad de relajarse y disfrutar. Estimular a los niños a que contribuyan a planear un itinerario puede suavizar las discusiones entre hermanos. Si tiene niños pequeños, escoja alojamientos que ofrezcan buenos servicios de guardería, para que que usted y su pareja puedan pasar un tiempo solos.

A DIVERTIRSE
Las vacaciones en familia permiten que los padres tengan un tiempo de descanso bien ganado y pasen momentos de calidad con sus hijos.

TOMAR PRECAUCIONES
Un buen seguro de viaje calmará su preocupación por los costos en que se podría incurrir por situaciones desafortunadas. Prepare un buen botiquín de primeros auxilios para tratar cualquier emergencia que pudiera suceder.

86 PREPARAR UN VIAJE

Viajar al extranjero puede resultar emocionante, aunque tal vez produzca algunas tensiones. Sin embargo, es posible evitar el impacto cultural y las confusiones si se informa sobre las costumbres y la cultura del lugar de destino. Dedique tiempo a aprender algunas palabras esenciales y frases sencillas en el idioma del país que visite, de manera que pueda comunicarse amistosamente con la gente del lugar.

EVITA EL ABURRIMIENTO
Lleve consigo grabaciones de su música favorita y libros para evitar aburrirse en viajes de larga distancia.

Buscar esparcimiento

87 Volar con comodidad

Siéntese cómodo durante los vuelos largos. Duerma bien la noche anterior al viaje y coma ligero antes y durante el vuelo. Evite el consumo de alcohol, ya que aumenta la deshidratación, y beba mucha agua. Haga trabajar y estirar las extremidades, aun cuando esté limitado a su asiento, para aliviar los músculos y estimular la circulación. Si es posible, pasee al aire libre tan pronto llegue a destino.

◁ Parte superior del cuerpo
Entrelace los dedos y eleve los brazos. Haga girar los hombros varias veces para estirar y aliviar el cuello.

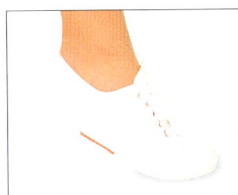

◁ Parte inferior del cuerpo
Para reducir el riesgo de tener los pies hinchados, haga girar los tobillos en ambas direcciones y después haga presión en la parte superior del pie, en la unión con los dedos.

88 En camino

Cuando deba conducir un vehículo en largas distancias, evite sentirte irritado, agotado o tenso. Planifique el viaje de modo que no encuentre atascos en las carreteras muy concurridas. Escuche música que calme sus nervios y lo mantenga despierto. Deténgase con frecuencia y baje del coche para estirar las piernas y respirar aire puro. Lleve consigo un termo con café o con una infusión caliente.

▽ Hombros rígidos
Sufrir frustraciones con el tránsito o estar sentados durante mucho tiempo hace que los hombros se encorven y se sientan rígidos.

▷ Aliviar las manos
Estar al volante puede hacer sentir rigidez en las muñecas y las manos. No apriete el volante. Masajee y flexione las manos con frecuencia (Consejo 42).

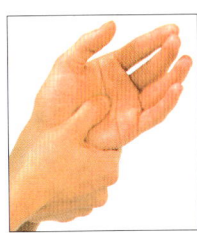

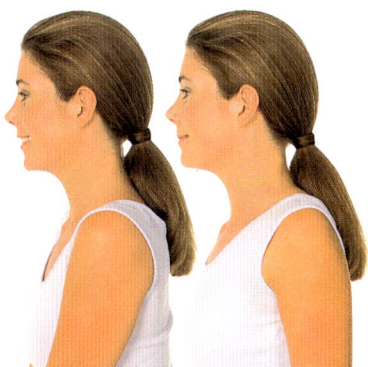

△ Gire los hombros para estirar la espalda.

△ Lleve los hombros hacia atrás para expandir el pecho.

Crear un hogar relajado

89 Vida sencilla

Lo ideal sería que su hogar fuera un lugar para refugiarse del tumulto y las tensiones del mundo exterior y, al mismo tiempo, un lugar cálido y acogedor. Tenga por objetivo la sencillez, pronto notará hasta qué punto la atmósfera se torna más relajante. Haga que las habitaciones sean cómodas y visualmente transmitan tranquilidad. Una vez por mes, revise cajones y armarios, y recicle aquellos elementos que ya no utilice.

Las líneas simples y limpias son tranquilas a la vista

CREAR UN HOGAR RELAJADO

90 ORDENAR LA CONFUSIÓN

Uno de los grandes factores de estrés en el hogar es la acumulación gradual de facturas viejas, diarios, correspondencia y folletería de propaganda que llega por correo. Se puede perder un tiempo importante buscando alguna información que se necesita. Organice periódicamente los papeles, desechando lo innecesario y archivando el resto de una manera ordenada. Reduzca la cantidad de periódicos que llegan a su hogar y pida que no le envíen propaganda postal.

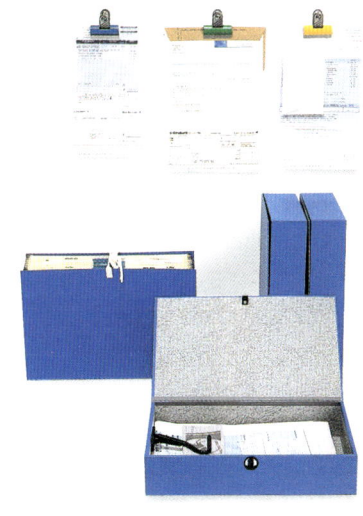

TODO EN CAJAS
Establezca lugares bien definidos para guardar los papeles en forma clasificada. Las cajas archivadoras son útiles, fáciles de conseguir y de bajo costo.

91 CREAR UN ESPACIO FÍSICO PROPIO

Todos necesitamos tener cierta cantidad de espacio físico propio. Cree en su hogar un espacio al cual pueda retirarse para pensar, leer, escribir cartas o sencillamente pasar un tiempo solo. Si no cuenta con un estudio, utilice un rincón en una habitación. Negocie con su familia o pareja para tener un lugar personal propio y pida que no lo molesten mientras se encuentra descansando u ocupándose de sus asuntos.

ESPACIO PRIVADO
Su espacio personal debe ser un lugar que lo contenga, en el cual pueda hacer sus cosas en paz y sin interrupciones.

92 CREAR UN ESPACIO MENTAL PROPIO

De vez en cuando, preferiblemente una vez por semana, busque la oportunidad para reflexionar sobre sus temas personales y asimilar los cambios de pensamientos y sentimientos que se producen en su interior. Tome distancia de las exigencias de sus seres queridos y realice una evaluación de sus propias necesidades. Si es difícil encontrar un espacio adecuado para estar solo en su casa, enciérrese con llave en el cuarto de baño. Tome un largo baño y piense en sus cosas. Pida a su familia que respete el hecho de que desea estar solo un momento. Procure que sus familiares cooperen en las tareas domésticas; así tendrá tiempo para usted.

93 EL ARTE DE ENCONTRAR EL SITIO ADECUADO

BRÚJULA
El feng shui –o arte oriental de la situación– está cada día más aceptado en Occidente. Un experto en feng shui utiliza una brújula especial para evaluar la energía que fluye por la casa.

Todo lo que lo rodea influye en su sensación de bienestar. Busque las formas de conseguir que el entorno del hogar, el jardín y la oficina sea más armonioso. Cuelgue espejos en lugares estratégicos para rechazar la energía negativa de una habitación, para iluminarla, para reflejar una vista agradable o para crear la ilusión de más espacio en lugares muy limitados. Las campanas chinas y los móviles para colgar producen sonidos agradables y movimientos que ayudan a estimular la atmósfera. La luz natural ilumina y alegra una habitación y las plantas le otorgan vida. Coloque los muebles y otros enseres domésticos de modo que no obstruyan el paso ni oculten líneas.

FENG SHUI
Según el antiguo sistema chino del feng shui, lo que le rodea debe estar en armonía con el flujo universal de energía vital, llamada ch'i, para tener prosperidad y salud en su vida.

CREAR UN HOGAR RELAJADO

94 ESCOGER Y EMPLEAR COLORES

El color influye en sus estados de ánimo, y es un factor esencial cuando decide la decoración de las habitaciones de su hogar. Ciertos colores estimulan la relajación, otros inspiran o suavizan. El color debe ayudar a sus funciones y necesidades dentro de un espacio. Pruebe nuevas combinaciones de color que sean un cambio de las fórmulas ya probadas; de esta manera dará un toque de aventura a su casa. Sin utilizar más de tres o cuatro colores en un lugar, puede seleccionarlos usando como base un solo color, o hacer mezclas armoniosas de colores complementarios o contrastes brillantes y vivos de colores opuestos.

AZULES
El azul es un color relajante. Se dice que ayuda a la creatividad y la comunicación.

ROJOS
Cálido y brillante, el rojo es un color estimulante que se asocia con la energía.

BLANCOS
El blanco contiene todo el espectro. Es un tono neutro que transmite claridad y pureza.

AMARILLOS
El estimulante color amarillo da a una habitación la sensación de alegría porque recuerda la luz del sol.

VERDES
El vivaz aunque relajante verde se relaciona con la naturaleza y el amor.

ANARANJADOS
El anaranjado trae a la casa los cálidos tonos de la tierra, creando una sensación de estabilidad.

95 USAR MATERIALES NATURALES

Dormir entre sábanas de algodón recién lavadas resulta siempre maravillosamente relajante. Las prendas confeccionadas con fibras naturales representan una elección más saludable para tener en contacto con el cuerpo que las fibras sintéticas. Las telas naturales permiten que la piel respire fácilmente y que la energía vital circule más fluidamente. Lleve prendas más sueltas hechas de fibras naturales para sentirse verdaderamente más cómodo cuando llega a su casa después de un duro día de trabajo.

FRESCA ROPA BLANCA
El aspecto y la sensación que transmiten las telas de fibras naturales son buenos. Mantenga la frescura del armario donde guarda la ropa blanca y perfúmelo con saquitos de muselina llenos de lavanda.

96 CALIDEZ Y VENTILACIÓN

Evite el exceso de calor en su hogar y procure tener buena ventilación en todo momento. El equilibrio correcto entre el calor y la ventilación ayudará a que se sienta más relajado y a gusto, aunque también alerta y lleno de energía. Aunque la calefacción central produce un calor uniforme, también seca la atmósfera; esto puede afectar su salud y su piel. Compre un humidificador para que el ambiente recupere su humedad o coloque pequeños recipientes de agua cerca de los radiadores.

AIRE PURO
Todos los días, abra las ventanas de su casa para que entre aire puro y salgan los olores de encierro. Así se sentirá fresco y dispuesto.

Crear un hogar relajado

97 Que entre la luz

La luz natural tiene una influencia positiva sobre su salud y estado de ánimo; la falta de ella puede conducir a la pesadez y la depresión. Es posible que la luz artificial produzca dolores de cabeza, baja energía y cansancio en la vista. Trate de que en su hogar entre la mayor cantidad de luz natural. Si la posición de una ventana o la cercanía de edificios no permite entrar mucha luz, coloque espejos en lugares estratégicos para reflejar la luz que haya o compre bombillas eléctricas especiales que simulen la luz natural. Instálelas sobre todo en zonas de mucha actividad para aumentar la energía y concentración.

MÁS BRILLO
Cuando se deja entrar al hogar y a la propia vida la mayor cantidad de luz posible, el resultado será increíblemente brillante.

98 Iluminación tenue

Durante la noche, relájese con brillo de una luz tenue. Utilice bombillas de baja potencia o velas encendidas en lugares desde donde se proyecte bien la luz. La iluminación tenue facilita el descanso y, si tiene invitados, crea un ambiente más acogedor e íntimo.

- Encienda velas perfumadas para mejorar la atmósfera de relajación.
- Apáguelas antes de irse a dormir.

LUZ EN EL DORMITORIO
En su dormitorio, mantenga las luces bajas de manera tal que transmitan una sensación de sueño y transformen su refugio de descanso. Escoja cortinas finas para que lo despierte la luz de la mañana y reavive su espíritu.

CREAR UN HOGAR RELAJADO

99 PAZ Y TRANQUILIDAD

De vez en cuando, haga un alto en sus actividades. Desconecte cualquier fuente de estimulación, como el televisor, la radio o el equipo de música, y desenchufe el teléfono. Deje que la paz y la tranquilidad invadan su entorno y simplemente siéntese tranquilo, sin hacer nada. Cierre los ojos y concéntrese en la respiración y la quietud del momento. Deje que toda su conciencia sea absorbida por el momento presente de su ser.

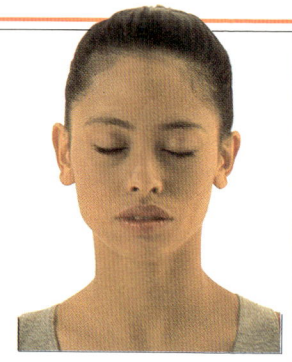

100 LA NATURALEZA EN CASA

Las plantas aumentan la belleza y la tranquilidad del hogar. Dan aliento natural a su entorno de vida, que es particularmente importante cuando no se tiene un jardín. Seleccione las plantas que puedan crecer en el interior; también tenga en cuenta las formas, el color y el perfume (evite las plantas tóxicas si tiene niños o animales domésticos). Sitúe las plantas allí donde suavicen los ángulos rectos de una habitación. Las hojas verdes y plateadas son relajantes, en tanto que las rojas y violetas estimulan.

LUZ SOLAR
Ponga las plantas según la cantidad de luz natural que requieran.

HIERBAS EN TIESTOS
En la cocina puede cultivar hierbas en tiestos. Cocine con hojas perfumadas para beneficiarse con sus propiedades terapéuticas.

CREAR UN HOGAR RELAJADO

101 UN RETIRO AL AIRE LIBRE

Si tiene la suerte de contar con un jardín, haga que se convierta en un retiro perfecto para usted. Transfórmelo en un remanso donde pueda pasar un tiempo solo o relajarse en compañía de amigos. Una fuente o un estanque o unas campanas chinas aumentan la quietud de la atmósfera. Atraiga a su jardín la vida silvestre colgando plumas de aves en lugares en donde no puedan llegar los gatos y cultive plantas que atraigan mariposas.

FLORECIMIENTO
Pocas cosas brindan tanto placer como el florecer de las plantas cultivadas con esmero. Cultive variedades fragantes para poder deleitar sus sentidos.

ÍNDICE TEMÁTICO

A
aceites:
  aromaterapia, 31, 45
  esenciales para masajes, 31, 45
  masaje, 31
aficiones, 55
afirmaciones, 39
alcohol, 49
alimentos no saludables, 53
alimentos, 48-53
ansiedad, respirar para reducir la, 27
arte, 58
ataques de pánico, 11
  respirar durante, 27
azúcar, 49

B
bailar, 23
baño, 44
bolas Shou Xing, 19

C
cafeína, 49
calefacción, 66
  andar:
    en la naturaleza, 56
    postura al, 18
    respiración y movimiento, 26
  velas, 44, 45, 67
carbohidratos, 50
cerebro, 39
  tabaco, 53
claustrofobia, 41
cocinar, 51
colores, en el hogar, 65
columna vertebral, estiramiento de la, 22-23
compra de alimentos, 49
conducir, 61
creatividad, 58
cuello:
  aliviar el, 21
  masaje, 35
cuerpo:
  conciencia del, 10
  lenguaje del, 14
  relación entre mente y, 12
  relajación y, 8

D
deporte, 11, 57
despertar, 47
diafragma, respiración con el, 27
dieta, 11, 48-53
  equilibrada, 48
dolor de espalda:
  ejercicio de estiramiento, 23
  tenderse, 17
dormir, 42-47
dormitorios, 44, 67

E-F-G
enfado, 53
espacio mental, 64
espacio personal, 63
espacio privado, 63
espalda:
  liberar la tensión en la, 22-23
  masaje, 32
esparcimiento, 54-61
espejos, 64, 67
estiramientos, 20-23
feng shui, 64
flores, 69
fumar, hábito de 53
grasas en la dieta, 49

H
hierbas, 68
  sedantes, 45
hiperventilación, 27
  casa tranquila, 62-69
hombros:
  aliviar los, 21, 61
  masaje en los, 35
  postura para sentarse, 15-16
horas de la comida, 52
hormonas de crecimiento, 42
humor, 39

I-J-L
inercia, 11
insomnio, 46
jardines, 69
luz, 67

M
manos:
  masaje en las, 36
  tensión en las, 19
masajes, 28-37
  en la cabeza, 35
  en los pies, 34, 37
  facial, 33
  aceites para, 31
  ambiente y equipo, 30
  automasaje, 35-37
  en cabeza, cuello y

ÍNDICE TEMÁTICO

hombros, 35
  con compañero, 29
  en la espalda, 32
  en las manos, 36
  en las piernas, 37
  en los pies, 34, 37
  en el rostro, 33
  terapeutas profesionales, 29
meditación, 24
  y conciencia de la respiración, 25
mente:
  conciencia de la mente, 10
  espacio mental, 64
  pensamiento positivo, 38
  relación entre mente y cuerpo, 12
  relajación y, 8
minerales, 50
motivación, 11
músculos:
  estiramiento de los, 20-23
  liberar las tensiones en los, 13
  tensión, 12
música, 55

N

natación, 23
naturaleza:
  paseo en la, 56
  en casa, la, 68
  vacaciones con los niños, 60
niveles de azúcar en la sangre, 52
nutrición, 48-53

P

papeles, 63
paz y tranquilidad, 68
pelotas, ejercicios de manos con, 19
pensamientos negativos, 11, 38
pensamiento positivo, 38-41
pereza, 43
pesimismo, 38
piernas:
  aliviar el cansancio en las, 18
  masaje en las, 37
pies, masaje en los, 34, 37
plantas, 68, 69
postura para estar de pie, 16
postura, 14-19
productos lácteos, 51
proteína, 50, 51

R-S

relaciones, 11
respiración, 24-27
  calmar el ritmo de la, 25
  durante ataques de pánico, 27
  reducir la ansiedad, 27
  relajación profunda, 26
  y movimiento, 26
  reacción de "ataque o huida", 9
ropa, 66
sistema inmunológico, 8
sistema nervioso,
  autónomo, 9
  parasimpático, 9
  simpático, 9
sostener objetos, 19

T

televisión, 68
tenderse, 17
tensión:
  liberar la, 13
  sacudirse, 37
  postural, 14-15
trabajo, 43
  exceso de, 11
  vacaciones y, 59

U-V

vacaciones, 58-61
  en familia, 60
  en pareja, 59
ventilación, 66
viajar, 60-61
vida silvestre, 69
visualización, 40-41, 46
vitalidad, 23
vitaminas, 50
volar, 61

Y

yoga, 20

Agradecimientos

Dorling Kindersley agradece a Hilary Bird por la confección del índice temático; a Richard Hammond por la corrección de pruebas; a Alice Butler por el asesoramiento; a Robert Campbell y a Mark Bracey por la ayuda informática; a Mariana Sonnenberg por la investigación fotográfica; a Karen Fielding por los peinados y el maquillaje; y a Ralf Beck, Lucie de Keller y Julian Ormerod por su trabajo como modelos.

Fotografía
Clave: a arriba; b abajo; c centro; i izquierda; d derecha
Robert Harding 46b, 52a, 66bi; Imagebank 23bd, 52a, 58bi; Leon Krier 63bi; Biblioteca fotográfica 41b, 58b; Superstock 23bi, 55bd, 60cd